Kurt Marti

Prediger Salomo

Weisheit
inmitten der Globalisierung

Deutsche Fassung
mit Zwischentiteln
und einem Einstieg

Radius

Kurt Marti,
1921 in Bern geboren,
studierte Jura und Theologie in Bern und Basel.
Im Dienst des Ökumenischen Rates ein Jahr in Paris.
Pfarrer in Leimiswil, Niederlenz,
und bis 1983 an der Nydeggkirche in Bern.
Preise und Auszeichnungen: u. a. Lyrik-Preis Radio Basel (1957)
Johann-Peter-Hebel-Preis des Landes Baden-Württemberg,
Großer Literaturpreis des Kantons Bern (beide 1972),
Ehrendoktorwürde der Universität Bern (1977),
Buchpreis der Stadt Bern (1990), Kurt-Tucholsky-Preis (1997).

Lieferbare Radius-Bücher von Kurt Marti:

DU. Rühmungen
Fromme Geschichten. Erzählungen
geduld und revolte. die gedichte am rand
Die gesellige Gottheit. Ein Diskurs
gott gerneklein. gedichte
Gott im Diesseits. Versuche zu verstehen
Heilige Vergänglichkeit. Spätsätze
Prediger Salomo. Weisheit inmitten der Globalisierung
Psalmen. Annäherungen
Die Riesin. Roman
Schöpfungsglaube. Die Ökologie Gottes
Ungrund Liebe. Klagen Wünsche Lieder
Von der Weltleidenschaft Gottes. Denkskizzen

Neuausgabe 2016

ISBN 978-3-87173-156-3

Umschlag: André Baumeister
Gesamtherstellung: CPI, Clausen & Bosse, Leck
Gedruckt auf holz- und säurefreiem Werkdruckpapier
Printed in Germany

Einstieg

Warnungen zuvor

Wer Erbauliches sucht, sollte dieses Büchlein, mag es auch ein biblisches sein, besser nicht lesen. Zwar enthält es durchaus auch Sentenzen dieser Art, doch hat die kritische Textanalyse sie in Verdacht, nicht vom Autor verfaßt, sondern von ersten erschrocken-besorgten Abschreibern nachträglich eingefügt worden zu sein – kleine Nachbesserungen, Akte der Seelen-Vorsorge an dereinstigen Leserinnen und Lesern. Denn hier sprach, hier schrieb ein jüdischer Weisheitslehrer, der, verglichen mit anderer Weisheitsliteratur jener Zeit (z.B. Sprüche, Jesus Sirach, einzelne Psalmen auch), ein nonkonformer, sogar provokanter Einzelgänger war.

Abzuraten ist die Lektüre deswegen auch Christenmenschen, die a priori immer schon wissen, was »biblisch« und was »unbiblisch« ist. Die Gewißheit ihres Urteils könnte Schaden nehmen an dieser sozusagen »unbiblischsten« Schrift der Bibel, »noch anstößiger und unerbaulicher als das Hohelied« (so der holländische Theologe Kornelis Heiko Miskotte). Verwirrend, daß sie überhaupt zu biblischen Ehren kam! Müßte heutzutage ein kirchlich-theologisches Gremium den Kanon biblischer Schriften festlegen, ich wette, dieses Büchlein fände kaum mehr Gnade und Aufnahme. Die kirchliche Verkündigung (Predigt, Bibelkurse, Unterricht usw.) meidet es ohnehin, zitiert bestenfalls und dann immer wieder dieselben paar Sätze, und dies fast ausschließlich in der Bestattungsrhetorik, also ohne nähere Auslegung, denn eine solche könnte alsbald Gefahr laufen, ebenso wenig tröstlich zu sein wie das ganze Büchlein, »das uns den Trost nimmt, den wir gewohnt waren zu schmecken.« (K. H. Miskotte) So mutets denn eher paradox an, daß Luther die hebräische Person- und Buchbezeichnung »Kohelet« ausgerechnet mit »Prediger« meinte wiedergeben zu sollen. Wortgetreuer, nämlich mit »Versammler«, übersetzte Martin Buber aufgrund der Abkunft von »Kohelet« vom hebräischen Wort für »Versammlung«. Lange vorher freilich schon, im 4. Jahrhundert, hatte die Vulgata, die lateinische Bibel, Kohelet mit »Ecclesiastes« wiedergegeben, nach dem Wort »ecclesia«, ursprünglich »Versammlung«, danach verchristlicht zu »Kirche«. Diese lateinische Wortwahl verlieh dem Büchlein kirchliche Respektabilität, vornehmlich unter mittelalterlichen Mönchen (zu denen anfänglich auch Luther zählte!). Im Diskurs – ich erlaube mir, ihn auch »Kohelet-Blues« zu nennen – von der alles beherrschenden Vergänglichkeit und Vanitas, die zugleich »Wahnitas« ist (Arno Schmidt), fanden sie manch eine Passage, die Argumente für ihre Weltentsagung zu liefern schien.

Zumal eine Warnung wie die vor weiblicher Umgarnung und Verführung (7,26-30) mag Klosterbrüdern bei entsprechenden Anfechtungen geholfen haben. Heutige Frauen werden sie erst einmal zum Lachen komisch, dann aber ärgerlich finden, da zuvor der beredte Warner ebenso beredt die phallische Herrschaft über Frau und Konkubinen gepriesen hat (2,8). Kohelet ein je nach Lust und Laune räsonierender Macho? Zwar galt die Weisheit, der er sich verschrieben hat, mythologisch als Frau, als erste Gespielin Gottes (Sprüche 8). Doch zeigt der Weisheitslehrer kein mythologisches Interesse. Ihn bewegen eigene Erfahrungen und Beobachtungen. Seine Weisheit schöpft er aus Empirie und Praxis. Ihre philosophische Radikalität besteht darin, daß sie – beinahe heideggersch – das Sein kompromißlos von der Zeit her denkt. Diese manifestiert sich ihm konkret als alles überwältigende, alles verschlingende Vergänglichkeit. Ein einziges Memento mori deshalb (Bedenke, daß du sterben wirst)! Dessen Kehrseite aber: ein nicht minder nachdrückliches, unverblümt hedonistisches Memento vivere (Bedenke, daß du leben – und genießen – darfst)! Trotz solch schöner Memento-Dialektik fürchte ich, daß dies wohl nicht gerade das Büchlein ist, auf das Feministinnen und Feministen gewartet haben.

Von der Lektüre abzuraten ist ferner jenen, die, wie es die heutige Zivilreligion zu tun pflegt, jeglichen Gottesglauben sofort gleichsetzen mit dem Glauben an die Unsterblichkeit der menschlichen Seele und an ein individuelles Ewigleben nach dem Tod. Ihnen muß freilich von der Lektüre des Ersten (Alten) Testaments überhaupt abgeraten werden (von gut zwei Dritteln der Bibel also!), denn in diesem findet sich weder ein Unsterblichkeits- und Jenseitsglaube noch dessen anthropologische Voraussetzung, die Zerteilung des Menschen in einen sterblichen Leib und eine unsterbliche Seele. Ähnlich wie später die Sadduzäer (vgl. Matthäus 22,23-33) bleibt Kohelet in diesem Punkt absolut konservativ gerade in einer Epoche, da mit dem Hellenismus dualistische Menschenbilder samt den ihnen entsprechenden Jenseitserwartungen auch ins palästinensische Judentum einströmten und die alte Diesseitigkeit aufzuweichen begannen. Für den Weisheitslehrer jedoch bleiben Seele und Leib eine nicht auseinanderdividierbare, deshalb auch sterbliche Ganzheit. Insofern hat der Mensch den Tieren nichts voraus: Wie diese wird auch er wieder – mit Leib *und* Seele – zu Staub (3,16-21: Welch grimmige Absage an den menschlichen Beherrschungsdünkel!). Indem Kohelet die Möglichkeit jenseitiger Kompensationen ignoriert (vgl. 9,5-10), bringt er sich allerdings in die Verlegenheit, den Leidenden und den lebenslangen Opfern von Ungerechtigkeit keine Hoffnung auf postmortale Wiedergutmachungen anbieten zu können. Es ist dies die Aporie des Ersten Testaments, die schließlich dann im Buch Hiob thematisiert wird, schätzungsweise etwa ein Jahrhundert vor Kohelet. Anders als die Hiob-Figur war der Weisheitslehrer kein von Schicksalsschlägen Heimgesuchter, vielmehr, so weit seinen Texten zu entnehmen ist, ein vom Schicksal Begünstigter und sogar Privilegierter. Dennoch beschäftigt und deprimiert ihn das Leid anderer. Er rät, ihm nicht aus dem Wege zu gehen, sondern das Haus der Trauer aufzusuchen (7,2-5) und sich dort an die eigene Sterblichkeit erinnern zu lassen (trösten kann er ja nicht...). Angesichts großen Leids vermag er nur noch – wie z. B. Sophokles, Euripides, in der Neuzeit Schopenhauer oder E. M. Cioran – die Toten glücklich zu preisen und mehr noch die nie Geborenen, »die das üble Tun nicht sehen müssen, das unter der

Sonne getan wird« (4,3). Schwer vorstellbar, daß ein »Prediger« so »gepredigt« haben sollte, war nach israelitischer Auffassung das Leben doch das höchste der Güter, was an anderer Stelle auch Kohelet drastisch formuliert: »Ein lebender Hund ist besser als ein toter Löwe.« (9,4). Kohelet predigt nicht, er philosophiert. Denkend, dichtend umkreist er die unerbittlichste aller Daseinsmächte, die ZEIT.

Eine letzte Warnung noch: Dies ist kein Brevier des positiven Denkens, nichts für Erfolgsfaszinierte, für Fortschrittsenthusiasten, Geschichtsoptimisten, Motivationstrainer und -trainierte. Hier schreibt ein melancholischer Skeptiker, nach dessen Überzeugung es nie etwas Neues gibt unter der Sonne (1,1-11). Was ist, was dereinst sein wird – es war eh schon da, wird auch dereinst schon dagewesen sein (3,15): Das Gleiche kehrt stets wieder, denn die Menschen, mit welch anderem Wissen und Gerät sie jeweils auch ausgerüstet sein werden, bleiben dieselben. Der neue Mensch? Ein Wunsch- und Wahnbild. Eben noch hat ja das 20. Jahrhundert wie kein anderes zuvor den Nachweis erbracht, daß der »neue Mensch«, wiewohl mit oft messianischem Pathos angekündigt, am traurigen oder lächerlichen Ende doch wieder als der alte und immergleiche dasteht. Für den Weisheitslehrer wäre auch das nichts Neues gewesen. Für ihn war und ist Geschichte nicht Progreß, sondern eben: Zyklische Wiederkehr – nicht zuletzt alter menschlicher Torheiten. Heilsgeschichtliche, gar messianische Perspektiven? Nicht hier, nicht bei Kohelet. Selbst spekulativste Theologen haben dergleichen nie in seine Texte hineinzudeuten vermocht.

Sind damit genug Warnungen ergangen? Genug, um vielleicht die Neugier einiger Leserinnen und Leser zu wecken?

Wer war er?

Der Weisheitslehrer, darin ist die Forschung sich einig, lebte mehr als sieben Jahrhunderte *nach* Salomo im dritten vorchristlichen Jahrhundert, vermutlich in Jerusalem. Längst schon gabs dort keinen König mehr. Palästina wurde von Ägypten aus, von den Ptolemäern, regiert. Daß Kohelet sich eingangs als König Salomo darstellt (1,1; 1,12–2,12), ist somit literarische Fiktion, ab dem dritten Kapitel wird sie aber nicht mehr weitergeführt und, trotz pragmatischer Befürwortung der Monarchie (5,8), von kritischen Anmerkungen zum Königtum (4,13; 8,2-4; 10,16-20) abgelöst. Sie beziehen sich nunmehr auf die Fremdherrscher von damals. Die Salomo-Fiktion, literarisch eine Variante der Gattung »Königstestamente« (Orient, Ägypten), ist nostalgisches Rollenspiel. Unter Salomo, dem ebenso mächtigen wie weisen, den Tempel und Städte erbauenden, zudem auch erotisch legendären König, hatte Israel eine Macht- und Glanzfülle erlangt wie später nie wieder. Angesichts der aktuellen Ohnmacht seines Volkes und der Machtentfaltung der Ptolemäer mag sich Kohelet mit Wehmut der großen Salomo-Zeit erinnert und sich in sie zurückgewünscht haben. Daß er sein Rollenspiel aber bald wieder abbricht, spricht für seinen Realitätssinn. Trotz allem ist der Weisheitslehrer denn doch kein Geschichtsromantiker (7,11).

Unter den Nachfolgern Alexanders des Großen, so auch unter den Ptolemäern, breitete sich in der östlichen Mittelmeerregion jene griechisch-orientalische Welt- und Mischkultur aus, die seit dem 19. Jahrhundert »Hellenismus« genannt wird. Zu einem Zentrum dieses in seinen internationalen Auswirkungen der heutigen Globalisierung nicht unähnlichen Kulturwandels wurde Alexandria, die Königsstadt der Ptolemäer an der Nilmündung, offen nach drei Kontinenten hin, für lange Zeit Knotenpunkt des Welthandels und zugleich der neuen Weltkultur und Bildung (Bibliothek, Museion usw.). In Palästina kam es, dank einem sich rasch entwickelnden Geld- und Münzwesen, zu wirtschaftlichen Umbrüchen und Aufschwüngen, angeheizt durch Heerscharen meist griechischer Beamter und Kaufleute, die umtriebig bis ins letzte Dorf vordrangen. Am wirtschaftlichen Aufschwung »partizipierte vor allem die städtische Aristokratie« (Frank Crüsemann), der offenbar auch der Weisheitslehrer angehört hat. Selbstverständlich wollte der ptolemäische Staat mittels Steuer- und Abgabenerhöhungen ebenfalls von der guten Handelskonjunktur profitieren. Und ebenso selbstverständlich wurden dabei die Juden Palästinas nie konsultiert, blieben, wie in allen übrigen Belangen, fremdbestimmt. Daß der Weisheitslehrer, wie oft festgestellt (und von akademischen Schreibtischen aus auch gerügt), dem Zeitgeschehen bloß als Zuschauer gegenüberzustehen scheint, »nur noch beobachtend, registrierend und resignierend« (Gerhard von Rad), widerspiegelt wahrscheinlich zwar auch seine ökonomisch privilegierte Situation, mehr aber noch die generelle politische Ohnmacht der damaligen Juden (inklusive Oberschicht), die eine lang andauernde Identitätskrise zur Folge hatte. Der »Kohelet-Blues«, daß alles seine Zeit hat, alles wie Luft und Hauch verweht, vergeht, muß in einer solch demütigenden Lage von manchen als Tröstung empfunden worden sein. Wenn schon das Wort »Resignation« ins Spiel gebracht werden soll, so charakterisiert es jedenfalls nicht allein nur den Weisheitslehrer, sondern die Befindlichkeit der palästinensischen Juden jener Zeit überhaupt.

Falls ein kleines Volk, zum Objekt größerräumiger Herrschaft geworden, die Selbstbestimmung einbüßt und seine Traditionen ihre bisher bindende Kraft an eine Weltentwicklung verlieren, die weder überblickt noch beeinflußt werden kann – was vermögen da Einzelne noch auszurichten? Sie können sich vom Lauf der Dinge mitschwimmend treiben lassen, oder sie können versuchen, in irgendeiner sozialen Nische die alten Überlieferungen und Werte in der Erwartung besserer Tage zu konservieren. Der Weisheitslehrer tat weder das eine noch das andere, woran ihn nicht zuletzt seine Urbanität gehindert haben dürfte. Er erprobte einen noch anderen Weg: Als »von der Tradition weithin gelöster Einzelgänger« (Gerhard von Rad) denkt er kaum noch von vorgegebenen Sinnsystemen als vielmehr von den eigenen Erlebnissen, Erleidnissen und Beobachtungen her. In einigen praktischen Ratschlägen sowie in der Polemik gegen die nie aussterbende Gattung der Narren, Schwätzer und Toren verwendet er zwar Stereotypen und Formelemente damaliger Weisheitsliteratur. Denk- und Schreibstil jedoch bleiben unverwechselbar subjektiv.

»Beruf ist ein durch die Reformatoren geschaffener Begriff« (Ludwig Köhler), das Erste Testament kennt ihn nicht. Hier ist von sozialen Funktionen oder von Tätigkeiten und Fertigkeiten die Rede. Vermutlich gehörte der Weisheitslehrer der begüterten Oberschicht Jerusalems an, wie bereits erwähnt. Dementsprechend dürften seine Tätigkeiten gewesen sein. Jedenfalls kennt er die Erfreulichkeiten (5,9-16), ebenfalls aber die Gefahren und Risiken des Reich-Seins (6,1-6). Nicht im Traum fiele es ihm ein, Arme glücklich zu preisen (vgl. Lukas 6,20). Zum Glück gehört für ihn Wohlhabenheit, womöglich Reichtum. Das ist nicht bloß realistisch, es ist ausgesprochen alt-israelitisch gedacht: Reichtum ist Segen und Gabe Gottes (5,17-19). Am wünschenswertesten ist die Verbindung von Besitz und Weisheit (7,12-13). Auch Weisheitslehrer war kein Beruf im heutigen Sinn. Haben wirs vielleicht mit einem Privatier und philosophierenden Müßiggänger zu tun? »Kohelet bleibt gleichsam im Lehnstuhl, in der Bibliothek sitzen.« (Jürgen Ebach) Tut er das wirklich? Wieso dann die wiederholte Klage über leidige Mühen (1,13; 2,24; 4,4-8; 5,17-18; 11,1-6)? Sollten gerade hier nicht mehr persönliche Erfahrungen mit im Spiel sein? Oder handelt es sich um das bekannte Gejammer Reicher über Bürde und Streß ihres Reich-Seins? Doch selbst das bescheidenste Häuschen zerfällt »bei müßigen Händen« (10,18). Kohelets Besitz dürfte aber nicht eben bescheiden gewesen sein, mag er auch keineswegs salomonische Ausmaße (2,3-10) erreicht haben. Verwaltung und Unterhalt von Landgütern und Stadthäusern, wahrscheinlich auch Handels- und Bankgeschäfte (11,2) dürften ihn ziemlich beansprucht, zuweilen auch gestreßt haben. Gehörte er als Mitglied der ökonomisch herrschenden Klasse am Ende sogar zu den Profiteuren der Kleinhandels- und Wechselbankgeschäfte im Tempel, die Jesus später zornentbrannt attackiert hat (vgl. Matthäus 21,12-17)? Wie auch immer: Ein müßiger Stubenhocker scheint er mir nicht gewesen zu sein. Wohl gerade deswegen muß ihn die alles dem Vergessen ausliefernde Macht der Zeit und die Vergeblichkeit eines jeden Tuns tief bestürzt und sein Denken mit obsessiver Gewalt erfaßt und bestimmt haben.

Was überhaupt hat man sich unter einem Weisheitslehrer vorzustellen? Weisheitstradition und -literatur gehen zurück auf Gebräuche an den Königshöfen Ägyptens, Mesopotamiens, dann auch Alt-Israels (vgl.

etwa 2. Samuel 16,23), wo Monarchen sich von erfahrenen, klugen Männern beraten ließen. Zu Kohelets Zeit lebte »die Weisheit« in Palästina längst aber ohne Königshof und wurde vornehmlich in der gebildeten Schicht weitergepflegt, weiterentwickelt, nunmehr im geweiteten Horizont der hellenistischen Kulturwelt und ihres weiträumigen Austausches. Sicher ist, daß Weisheitslehrer *keine* Toralehrer, keine Ausleger der Schrifttradition waren, eher so etwas wie weltliche Morallehrer ohne gottesdienstliche Einbindung. Kohelet war Verwalter seiner Güter, war Geschäfts- und Finanzmann. Die Kompetenz und Bewährung in diesen Aktivitäten dürften ihm Ansehen und Autorität eingebracht haben, was ihm erlaubte, ohne Auftrag und Amt zu lehren, in intellektueller Unabhängigkeit von Konventioneller Gelehrtenweisheit. Das zentrale Thema seines Büchleins wird sogar in eklatanter Dissidenz zur schulmäßig tradierten und dementsprechend moderaten Weisheitslehre entfaltet. Trotzdem – oder gerade deswegen? – fand Kohelet Respekt und Gehör »auch« (!) beim Volk (12,9). Dennoch war er schwerlich ein Volks-»Versammler«, schwerlich ein Volkspädagoge oder gar Volksredner. Zu rasant, zu radikal, ohne Tröstungen und Heilsperspektiven, ist seine Vision von der wahllos alles und alle verschlingenden Vergänglichkeit. Eher wohl versammelte der »Versammler« einen relativ kleinen Kreis interessierter Menschen um sich, vielleicht nach dem Vorbild griechischer Philosophenzirkel und -schulen. Ohnehin erinnern einige seiner Äußerungen an solche der frühen Stoiker und entsprechen die Empfehlungen, das kurze Leben möglichst lustvoll zu genießen, Maximen der griechischen Epikureer und ihrer hellenistischen Popularisatoren. Allerdings begegnet die Parole »carpe diem!« ebenfalls schon in alt-ägyptischen und babylonischen Texten. Auch hier: nichts Neues unter der Sonne. In welchem Alter mag der Weisheitslehrer seine Texte geschrieben oder zusammengefaßt haben? Ich tippe auf eine Äquidistanz zwischen Jugend und Alter: Reife Lebensmitte also, »nel mezzo del cammin di nostra via« (»Es war inmitten unsres wegs im leben«, Dante/Übersetzung Stefan George). Produkt einer »midlife-crisis« vielleicht, da Männer der Vergänglichkeit ihres Tuns und Treibens plötzlich inne werden? Jedenfalls scheint der Appell »Freue dich, Jüngling, deiner Jugend!« (11,9–12,2) in schon distanziertem Rückblick auf die eigene, sorgenfreie Jünglingszeit in privilegiertem Milieu zu ergehen. Mich erinnert dieser Appell an denjenigen des Florentiners Lorenzo de' Medici (1449–1492), der, ebenfalls in noblen Verhältnissen aufgewachsen, ein berühmtes Poem verfaßte: »Quant' è bella giovinezza, / che si fugge tuttavia« (Wie schön ist [die] Jugend, / die allerwegen entflieht). Alle acht Strophen des Gedichts münden in den Refrain: »Chi vuol esser lieto, sia: / di doman non c' è certezza« (Wer fröhlich sein will, sei es jetzt: für morgen gibt es keine Gewißheit). Färben eigene Jugendfreuden, nostalgisch erinnert, den Appell an die Jünglinge ein, so malt Kohelet die Schrecken des nahenden Alters vor allem mit – vielleicht zitierten? – Metaphern. Sie erlauben die Vermutung, daß der Verfasser hier (12,3-8) noch nicht auf eigene Erleidnisse zurückgreifen kann.

Wissen wir jetzt, wer Kohelet gewesen ist? Nein. Erkennbar werden höchstens die Umrisse eines Mannes, der von seiner Zeit und seinem sozialen Milieu geprägt war, sich zugleich aber eigenwillig von beiden abhebt.

Zeit: Die unumschränkteste Macht auf der Erde und ebenfalls (im Plural) im Kosmos. Alles, ohne Ausnahme, ist ihr unterworfen: Menschen, Tiere ebenso wie Pflanzen, Gebirge, Gestirne. Alles, was ist, wird durch sie ermöglicht: »Die Zeit ist die formale Bedingung a priori aller Erscheinungen überhaupt.« (Kant) Alles, was geworden ist, wird von der Zeit nach kürzer oder länger dauerndem Dasein wiederum ins Nichtsein entlassen. Diese universale Tatsache ist Kohelets großes Thema, mehr noch: sie ist seine Obsession, die sich ebenso in poetischem Pathos äußert wie in den leitmotivisch wiederholten ceterum-censeo-Einhämmerungen, daß alles Luft und Hauch ist. Ungeachtet einer sich zunehmend hellenisierenden Umwelt bleibt der griechische Glaube an die Ewigkeit der Welt dem Weisheitslehrer fremd. Durch ungenaue Übersetzungen von 1,4 darf man sich nicht beirren lassen. Hier nämlich heißt es nicht »aber die Erde bleibt ewig bestehen«, sondern »aber nur die Erde dauert« oder »nur die Erde hat Dauer« – im Vergleich mit dem Erscheinen und relativ raschen Wiederverschwinden menschlicher Generationen. Leider pflegen Übersetzer, zumal christliche, meist allzu voreilig die Vokabel »Ewigkeit« zu bemühen, wie z. B. in 3,11: »Auch die Ewigkeit hat er [Gott] ihnen [den Menschen] ins Herz gelegt.« Allein: »Das hebräische Wort ›olam‹, das hier und anderswo in unseren Bibelübersetzungen mit ›Ewigkeit‹ wiedergegeben ist, bedeutet ›Dauer‹, ›äußerste Erstreckung der Zeit in Vergangenheit und Zukunft‹. Es ist ein Wort, das alle geschichtliche Zeit umgreift, nicht die Bezeichnung für eine ganz andere, gleichsam ›jenseitige‹ Zeit.« (Jürgen Ebach) Danach müßte 3,11 wohl also lauten: »Auch

Dauer hat er ihnen ins Herz gelegt.« Nach israelitischer Auffassung war »Herz« nicht das Organ der Gefühle, sondern der Sitz des Verstandes, des rationalen Denkens, wogegen die Gefühle in den Eingeweiden lokalisiert wurden (wie heute wieder »im Bauch«). Daß Gott Dauer ins Herz, d.h. also in den Verstand der Menschen legte, besagt deshalb, daß wir ein Zeit-*Bewußtsein* mitbekommen haben, nämlich die Fähigkeit, gleichermaßen zurück in die Vergangenheit wie auch vorwärts in die Zukunft denken zu können. In 3,11 bin ich allerdings einem noch anderen, ebenfalls möglichen Übersetzungsvorschlag gefolgt: »[Er] hat auch Dauer zuinnerst in alles gelegt«, ohne daß aber »der Mensch herausfinden kann, was Gott von Anbeginn an und bis heute tut«.

Auch das Zweite Testament kennt den Begriff »ewig« im Sinne von »anfang- und endlos« nicht. Wie das hebräische »olam« bedeutet das griechische »aion« (davon abgeleitet das Adjektiv »aionos«) nicht »Ewigkeit«, sondern eben »Äon«, d.h. Weltepoche, Weltzeit – eine zwar lange, aber doch einmal beginnende und einmal endende Zeitdauer. Was zumeist mit »ewigem Leben« übersetzt wird, meint demnach: Leben nach den Normen des kommenden neuen Äons, der den jetzigen Äon ablösen und im Zeichen des auferstandenen Christus stehen wird. »Reich Gottes« ist ein anderer Begriff für diesen neuen Äon. Ewig aber, von Äon zu Äon, ist Gott allein.

Doch zurück zu Kohelet! Er kennt keine Hoffnung auf einen neuen Äon, auf das kommende Reich Gottes. Gottes äonenübergreifende, äonenschaffende Macht ist für ihn, den Pragmatiker, jenseits menschlichen Fassungsvermögens. Unüberwindbar deshalb die Distanz zwischen Gott und den Menschen, Kommunikation scheint unmöglich, Gottesfurcht die einzig angemessene Haltung zu sein. So weit als möglich vermeidet der Weisheitslehrer darum anthropomophe Aussagen: Gott ist kein Mensch, Gott ist Gott (5,1) und für uns Sterbliche so unbegreiflich wie die Ewigkeit. Wie mag Kohelet gebetet haben? Hat er überhaupt?

Da im Unterschied zum göttlichen das menschliche Leben und Tun nie wahrhaft Neues ans Sonnenlicht zu bringen vermag, vielmehr Wiederholung des Immergleichen bleibt und sich so verbraucht und erschöpft, verweht, zerstäubt es schließlich wieder ins Nicht-Sein. Keine Hoffnung auf eine Äonenwende, auf ein neues Weltalter somit, eher eine fast schon nirwanische Perspektive. Könnte Kohelet etwa von indischen Vorstellungen, vielleicht auch von Buddha gehört haben? Ausgeschlossen ist dies nicht, denn mit und nach Alexander dem Großen drangen Nachrichten aus und über Indien bis in den Mittelmeerraum. Ungefähr zeitgleich mit Kohelet regierte in Indien mit großer Ausstrahlungskraft der berühmte König Ashoka (273–232 vor Christus), der, zum Buddhismus übergetreten, seine ganze Macht für dessen Ausbreitung einsetzte. Kenntnisse oder auch nur Gerüchte über ihn und Buddhas Lehre gelangten bis nach Alexandrien, wo im bunten Kultur- und Ideengewimmel auch die damals größte jüdische Diaspora-Gemeinschaft eine bedeutende Rolle spielte. Daß indische Ideen ebenfalls den Weisheitslehrer in Jerusalem angeregt haben könnten – vermittelt vielleicht durch geschäftliche Beziehungen? –, bleibt zwar eine Vermutung. Angesichts der global gewordenen Ideenzirkulation dürfte sie aber nicht völlig aus der Luft gegriffen sein.

Wie auch immer: Durch seinen vehementen, fast obsessiven Vergänglichkeits- und Vergeblichkeitsdiskurs, unterscheidet Kohelet sich auffällig von der sonstigen jüdischen Weisheitslehre. Selbst die Weisheit, wiewohl im tätigen Leben nutzbringender als die Torheit, wird nach ihm letztendlich auch nur Luft und Hauch gewesen sein. Insofern hat der Weise dem Törichten nichts voraus (2,12-23). Kein anderer Weisheitslehrer hat die Hinfälligkeit seiner und aller Weisheit so drastisch, auch so anti-elitär formuliert wie Kohelet.

Gewiß: Das Büchlein des Weisheitslehrers ist nicht *die* biblische Stimme, es ist *eine* unter vielen biblischen Stimmen. Das relativiert seine Autorität. Bemerkenswert jedoch ist, daß es – selber liturgiefern – der zur Lesung vorgeschriebene Text für »Sukkoth«, das jüdische Laubhüttenfest, hat werden können. Dieses Fest vergegenwärtigt den Zug Israels durch die Wüste. Verbreitet Kohelets Illusionen ausräumender Diskurs vielleicht Wüsten-Stimmung? Oder spendet er in kollektiven oder individuellen »Wüsten«-Phasen vielmehr den Trost, daß nichts ewig dauert und auch »Wüsten« jeder Art nie endlos sind? Eine banale Erkenntnis, dennoch kann sie das Leben erleichtern. Und falls ich Kohelet recht verstehe, will er just dies: Uns das Leben leichter machen, damit wir, frei von Illusionen, seine Freuden, die es denn doch gelegentlich mit sich bringt, ohne kleinlaute Bedenken genießen lernen (9,7-10). Auch gute Gelegenheiten verwehen rasch, kommen nie wieder – die Zeit kennt keinen Pardon (11,9-10).

Ein Aufklärer

Durch die hellenistische Globalisierung verloren altüberlieferte Traditionen und kleinerräumige Bindungen mehr und mehr ihre Selbstverständlichkeit. Woran sich noch halten in dieser interkulturellen Vielfalt? Kohelet versuchte, sein Denken auf das zu gründen, was die eigenen Augen sahen. Dies entwickelte er zu seiner Methode. Unablässig wiederholt und betont er: »Ich sah« (1,14; 2,13; 2,24; 3,10; 3,16; 3,22; 4,1; 4,4; 4,7; 4,15; 5,12; 6,1; 7,16; 8,9; 8,10; 9,11; 9,13; 10,5; 10,7). Ein Aufklärer demnach?

Aufklärung – was ist das? Kant, kurz und bündig: »Die Maxime, jederzeit selbst zu denken, ist die Aufklärung.« So definiert ist Aufklärung jedoch nicht bloß eine Errungenschaft Westeuropas und des 18. Jahrhunderts. Der Wille, autoritätsunabhängig »selbst zu denken«, hatte sich in hellen Köpfen auch früherer Epochen stets wieder manifestiert. So beriefen sich denn die klassischen Aufklärer des 18. Jahrhunderts mit Recht z. B. auf Sokrates und andere antike Aufklärer, glaubten aber auch im exotisch entrückten China, im alten Persien, in der Blütezeit des islamischen Arabiens »Aufklärung« entdecken zu können. War – um an solche kecken Spekulationen anzuknüpfen – nicht Buddhas Lehre seinerzeit ebenfalls eine Art Aufklärung, nämlich dem Hinduismus gegenüber? Jedenfalls entsprach auch sie Kohelets aufklärerischer Maxime: »Besser ist, was die Augen sehen, als das, was die Wünsche wollen.« (6,8)

Kohelet ein Aufklärer? Deutlich bejahte dies Wilhelm Vischer. Er entdeckte und dokumentierte eine Geistesverwandtschaft zwischen dem Weisheitslehrer und dem Frühaufklärer Michel de Montaigne (ebenfalls vornehmer Herkunft!) in seinem 1981 publizierten Brevier »Der Prediger Salomo im Spiegel des Michel de Montaigne«. Kohelet-Fan war übrigens auch Voltaire. Er übersetzte und veröffentlichte sogar eine eigene Übersetzung des Büchleins ins Französische, die 1759 als horrible Ketzerschrift kirchlich verdammt und in Paris öffentlich verbrannt wurde, ohne daß die geistlichen Herren merkten, daß es sich um das biblische Buch »Ecclesiastes« handelte. Einen besseren Beweis für Kohelets Aufklärertum kann es wohl kaum geben als diese Buchverbrennung.

Mit den Augen des Aufklärers *sah* Kohelet, daß z. B. das erbauliche Axiom konventioneller Weisheitslehre falsch war, demzufolge es dem, der nach den Geboten handelt, gut ergeht, schlecht hingegen dem, der auf die Gebote pfeift. Allzu häufig stimmt gerade das Gegenteil: Dem, der gebotswidrig handelt, gehts prächtig, miserabel jedoch dem, der sich brav an die Gebote hält (3,16; 7,16; 8,10-14; 9,11). Solch verstörende Feststellungen erschüttern den Glauben an Gottes irdische Gerechtigkeit zutiefst, ohne daß Kohelet eine Lösung des beklemmenden Rätsels auch nur andeuten könnte. Hatte das ebenfalls zur biblischen Weisheitsliteratur zählende Buch Hiob das Problem der Theodizee noch thematisiert, so fehlt beim späteren Kohelet jeder Versuch, Gott gegenüber dem Verdacht und Vorwurf zu rechtfertigen, Urheber auch des Bösen und Üblen zu sein. Lösungen, wie sie im hellenistischen Kulturraum durch polytheistische Religionen oder dualistische und gnostische Spekulationen erfolgreich angeboten wurden, dürften für ihn, den Juden, Abgötterei gewesen sein. Zudem war er als Aufklärer aufgeklärt genug, um zu erkennen, daß Gott nicht aufgeklärt werden kann. Von Gottes Handeln läßt sich nur sagen, was faktisch zu sehen ist, nämlich: »Man kann nichts hinzutun, man kann nichts hinwegtun, Gott hats getan, auf daß man ihn fürchte.« (3,14)

Kohelet, hört man etwa behaupten, erfreue sich heute neuer Wertschätzung, weil er in mancherlei Hinsicht erstaunlich modern anmute. Hingewiesen wird dabei auf seine Skepsis, auf eine melancholische Grundstimmung. Sind das aber typisch moderne Phänomene? Ist typisch modern nicht eher der Glaube an immer mehr Wachstum und Fortschritt? Für Kohelet nichts als Wahn und Illusion.

Vollends unmodern und überhaupt nicht im Trend ist der Rat des Weisheitslehrers: »Fürchte Gott!« (5,6) Darin, daß Gottesfurcht Lebens- und Erkenntnisquelle ist (vgl. Psalm 111,10; Sprüche 1,7), stimmt Kohelet mit der übrigen jüdischen Weisheitsliteratur wieder völlig überein. Die Verankerung der Weisheit in der Gottesfurcht »gehört zum Eigensten der Weisheit Israels« (Gerhard von Rad), außerisraelitische Weisheitstexte kennen sie nicht. So weit Furcht auch *Ehr-*Furcht bedeutet, kann das Wort bis heute mit einiger Akzeptanz rechnen, dank Albert Schweitzers, durch die ökologische Bewegung neu aufgegriffenem Ehrfurchtsbegriff (»Ehrfurcht vor dem Leben«). Bei Kohelet freilich geht es in der Furcht Gottes dominant um pure Furcht vor dem, der unermeßlich »stärker«, unbegreiflich mächtiger ist als wir (6,10). Töricht wärs, mit ihm reden oder gar rechten zu wollen, wie manche Psalmen und Propheten es immerhin taten. Töricht auch alles Gerede über Gott: »Gott ist im Himmel und du bist auf Erden, darum mache nicht viele Worte.« (5,1) Da Kohelet im Geschichtsverlauf der letzten Jahrhunderte und erst recht in der Globalisierung kein spezielles Erwählungshandeln Gottes an Israel und auch sonst keinen plausiblen Sinn, kein Ziel mehr zu erkennen vermochte, kam er zum Schluß, daß Gottes Handeln von A bis Z im Dunkeln bleibt, »ohne daß der Mensch herausfinden kann, was Gott von Anbeginn an und bis zum Ende tut« (3,11). Konsequenterweise gebraucht er den Gottes*namen* »Jahwe« nie, der für den einst sich offenbarenden, in die Geschichte eingreifenden Vätergott Israels steht.

Die Distanz zum dunklen, übermächtigen Gott ist für den Weisheitslehrer so groß, daß jede hierarchische Nachäffung von vornherein ausgeschlossen bleibt. Nie hätte er z. B. sagen können wie der Integralist Don Luigi Giussani: »Menschliche Macht ist die größte Nachahmung Gottes, welcher der Herr ist.« Entgegen solcher Sakralisierung menschlicher Macht beklagt er vielmehr, daß »der Mensch über den Menschen herrscht, ihm zum Schaden« (8,9). Wer hätte gedacht, daß die Anprangerung der »Herrschaft von Menschen über Menschen« nicht etwa auf Bakunin oder Rosa Luxemburg zurückgeht, sondern auf Kohelet, den Aufklärer noblen Standes? Gerade als solcher *sah* er aber, wie oft höchste Positionen fehlbesetzt, sogar Narren an der Macht sind (10,5-7). Desgleichen *sah* er »alle Unterdrückung«, *sah* »die Tränen der Unterdrückten«, die niemand abwischt (4,1). Und *sah*, wie »alles Mühen und alles Gelingen nichts weiter ist als des einen Eifer, den anderen zu übertrumpfen« (4,4) – ob hellenistische, ob neokapitalistische Konkurrenzwirtschaft: nichts Neues unter der Sonne! Angesichts verworrener, oft korrupter Zustände befürwortet Kohelet die Monarchie als relativ noch tauglichste Ordnungskraft (5,7-8). Kein Gottesgnadentum aber! Gott ist Gott, Könige sind Menschen. Menschen aber, welchen Standes immer, sind nicht mit Gott, sie sind mit den Tieren verwandt. Derselbe Atem belebt beide und verschwistert sie im Schicksal, sterben, d. h. wieder Staub werden zu müssen (3,18-21). Kein anderer biblischer Autor hat die Schicksalsverbundenheit von Mensch und Tier – die heute von neuem zu bedenken wäre – so nachdrücklich betont wie Kohelet und damit auch ihre unendliche Distanz zum allein ewigen Gott. Einzig dieser ist im Himmel, ist unsterblich, wogegen Menschen wie Tiere sterbliche Lebewesen auf einer vergänglichen Erde sind, dem Gesetz unterworfen, daß nur leben darf, was oder wer auch sterben kann. Gewiß liegen Kohelets Vergänglichkeitsdiskurs eigene Erlebnisse, Wahrnehmungen und Verzweiflungen zugrunde (2,12b-33; 4,1-3; 7,2-5). Sein Pathos aber ist, wie mir scheint, zutiefst religiös. Hier ist ein urbaner und aufgeklärter Mann von Gottes ewiger und ewig unausdenkbarer Macht bis in sein innerstes Fühlen und Denken überwältigt worden. Dem unendlichen Gott gegenüber bleibt alles Endliche nichts weiter als eben: Luft, Hauch! Davon läßt sich wieder und wieder in bewegenden Worten reden. Von diesem Gott, dem so ganz Anderen, hingegen läßt sich nur wenig aussagen. Kohelets Rede von Gott – seine Theo-Logie – bleibt äußerst wort- und bildkarg, theologische »Minimal-Art« sozusagen, denn von Gott wissen wir bloß, daß sein Tun unser Fassungsvermögen sprengt (11,5): »... darum mache nicht viele Worte« (5,1; 6,11). Ist damit etwa die Unmöglichkeit jeglicher Theologie festgestellt? Stehen manche Theologen Kohelet vielleicht deswegen seit jeher mißtrauisch gegenüber? Ein radikales, gefährliches Büchlein offenbar. Es führt an eine Grenze, wo tatsächlich nichts anderes mehr zu sagen bleibt als: »Fürchte Gott!« Dennoch hat der jüdische Religionsphilosoph Franz Rosenzweig (1886–1929), getreu der Maxime, daß Gottesfurcht »der *Anfang* der Erkenntnis« ist (Sprüche 1,7), an und von dieser Grenze geschrieben: »Von

Gott wissen wir nichts. Aber dieses Nichtwissen ist Nichtwissen von Gott. Als solches ist es der Anfang unseres Wissens von ihm. Der Anfang, nicht das Ende.« Ist dies vielleicht der Punkt, an den uns das Büchlein des Weisheitslehrers heranführen will?

Unter der Sonne

»Fürchte Gott!« – hebt sich da ein Drohfinger, um uns einzuschüchtern? Um uns, begleitet von der Vergänglichkeitslitanei, in Welt- und Lebensverächter zu verwandeln, in weltabgewandte Asketen vielleicht? Warum dann aber noch so viel Aufhebens machen von Machtmißbrauch, Raffgier, sozialen Ungerechtigkeiten (3,1–4,3; 4,13-16; 5,7-16; 8,2-9; 9,13-18a; 10,4-7; 10,16-20)? Wozu noch Ratschläge für das praktische Leben (4,9-12; 10,8-11; 10,18)? Offensichtlich will Kohelet seine Leserschaft nicht demotivieren und erst recht nicht dazu verleiten, das Leben wegzuwerfen: »Wer Gott fürchtet, entgeht den Extremen« (7,19), vor allem entgeht er der extremen Negation, dem Suizid, selbst wenn ihn zuweilen purer Lebenshaß anfällt (2,17-18) und er am liebsten nie geboren worden wäre (4,2-3). Selbsttötung war in der hellenistischen Antike weithin kein Tabu. Anders in Israel, das radikal diesseitsorientiert war, auch in seiner Gottesbeziehung. »Israel hängt am Leben wie kein anderes Volk.« (K. H. Miskotte) Auch für Kohelet, den ersttestamentlichen Spätling, ist Leben das höchste aller Güter und deshalb dem Tod in jedem Fall vorzuziehen. Wer lebt, hat immerhin noch Möglichkeiten, Tote hingegen haben in Zeit und Ewigkeit keine mehr. Deshalb ist »ein lebender Hund besser als ein toter

Löwe« (9,4). Vom Heldentod scheint der Weisheitslehrer nichts zu halten – ein Aufklärer eben. Als solcher versucht er, so weit als möglich, auch die eigenen Verzweiflungen und Abgründe auszuleuchten. Resignierte, Deprimierte, Verzweifelnde, von Suizidgedanken Heimgesuchte dürfen sich von ihm so tief verstanden wissen wie – mit Ausnahme einiger Psalmdichter – von kaum einem anderen biblischen Autor. Insofern kann sein Büchlein sogar als ein Seelsorge-Brevier gelesen und genutzt werden, mag diese Seelsorge auch recht unzimperlich verfahren.

Kein Zweifel jedoch: Dieser Weisheitslehrer, beredter Prediger von Gottesfurcht und alles verschlingender Vergänglichkeit, will uns zum Leben, zur Lebensfreude, ausdrücklich auch zum ungenierten Lebensgenuß bekehren, denn gerade dank seiner Vergänglichkeit ist das Leben einmalig, einzigartig und Freude ein Gottesgeschenk (2,26; 3,12; 5,17-19; 9,7-9; 11,7-8).

Auffällig oft gebraucht der Weisheitslehrer die Wendung »unter der Sonne«. Alles, was auf Erden geschieht, ereignet sich, mag es auch nichts Neues sein, »unter der Sonne« (1,3; 1,9; 1,13; 2,11; 2,17; 2,19; 2,22; 3,16; 4,1; 4,3; 4,15; 5,12; 8,9; 8,15; 8,17; 9,6; 9,9; 9,11; 9,13). Die Sonne, zumal in ihrer südlich andauernden Präsenz, sieht alles (deshalb riefen die Griechen den Sonnengott Helios als Schwurzeugen an), rückt alles ins Licht. Romantiker lieben die Nacht und ihre Gestirne. Aufklärer, die Licht ins menschliche Leben und Treiben bringen möchten, ziehen das Tagesgestirn vor. Und zweifellos ist Kohelet ein Aufklärer. Dennoch wirkt seine Redewendung »unter der Sonne« schließlich so formelhaft, so stereotyp, daß man beinahe meinen könnte, die Sonne sei für ihn nichts weiter als eine Chiffre für die kosmische Indifferenz dem irdischen Treiben und Leiden gegenüber. Plötzlich dann aber, gegen Ende des Büchleins, durchbricht poetische Emphase die Stereotypie, läßt eine Liebeserklärung, zum mindesten eine Huldigung an die Sonne alle Formelhaftigkeit hinter sich: »Süß ist das Licht, und gut tuts den Augen, die Sonne zu sehen.« (11,7) Daß die Sonne alles sieht, nun ja, das ist noch kein besonderer Anlaß zur Freude, zumal sich dadurch nichts zum Besseren verändert. Daß *wir* jedoch das Sonnenlicht sehen dürfen, ist eine der elementarsten Freuden und stärkt den Lebensmut, die Lust auch zum Auskosten der Gegenwart – denn Tote sehen die Sonne nicht mehr. Noch im letzten Jahrhundert fand Kohelets Sonnenhuldigung ein Echo in Ingeborg Bachmanns Gedicht »An die Sonne« mit der zentralen Zeile: »Nichts Schönres unter der Sonne als unter der Sonne zu sein …« Vermutlich hat der Weisheitslehrer die Wendung »unter der Sonne« durchaus bewußt und im Hinblick darauf gewählt, daß die Sonne, ungeachtet ihrer objektiven Funktion und Indifferenz, für uns Sterbliche zum Lebens- und Freudenelexier wird.

Übrigens: Im Zweiten Testament wird Kohelet nie zitiert. Ich frage mich aber, ob das Jesus-Wort vom Gott, der seine Sonne aufgehen läßt über Gute und Böse (Matthäus 5,45) nicht vielleicht von Kohelet angeregt gewesen sein könnte, jedenfalls wenn man davon ausgeht, daß Jesus, wie feministische Exegetinnen glauben nachweisen zu können, von der Weisheits-Tradition weitaus stärker beeinflußt war als man bislang meistens annahm.

»Luft, Hauch, spricht der Weisheitslehrer, Luft, Hauch! Alles nur Luft, nur Hauch!« Mit diesen von Beginn an leitmotivisch wiederholten Stichworten endet das Büchlein. Nichts hat Bestand – außer zunächst der Erkenntnis, daß nichts Bestand hat. Doch selbst diese Einsicht wird, wie alle Weisheit, vergehen, verwehen, sich gleichsam nirwanisch auflösen. Dasselbe gilt von den Freuden und Genüssen des Daseins (2,1-11). Dennoch kommt Kohelet zum Schluß: »Und so pries ich die Freude, weil für den Menschen nichts besser ist unter der Sonne, als zu essen und zu trinken in den befristeten Tagen seines Lebens, die Gott ihm gegeben hat.« (8,15; vgl. auch 2,26; 3,12; 5,17-19; 9,7-9; 11,9) Einige Ausleger halten die Freuden-Anpreisungen des Weisheitslehrers für einen Kurzschluß, für eine Art Salto vitale aus der Verzweiflung in die wohlfeile Oberflächlichkeit des »carpe diem!« (oder heute: der Spaßgesellschaft). Daran, daß da möglicherweise ein Hauch buddhistischer Heiterkeit mit ins Spiel gekommen sein könnte, scheint ohnehin keiner dieser Ausleger zu denken. Doch auch die Tatsache, daß Kohelet als Spender der vergänglichen Freuden ausdrücklich Gott nennt (5,17; 7,15; 9,7; 11,9–12,1), bleibt oft merkwürdig wenig beachtet. Der Schöpfer hat uns mit Sinnen ausgestattet, damit wir sie gebrauchen, auch zur Freude, zum Lebensgenuß »unter der Sonne«, dieser bereits nach antiker Auffassung Beleberin aller menschlichen Sinne. Hat das Leben seinen Sinn somit im guten und freudigen Gebrauch der Sinne? Rasch sind da Etiketten wie »Eudämonismus«, »Hedonismus«, »Epikuräismus« zur Hand. Darob wird freilich der Ratschlag übersehen, das »Haus der Trauer« nicht zu meiden, sondern aufzusuchen (7,2-5), sich also der bitteren Realität von Tod und Leid zu stellen. Vor allem jedoch verdecken rasch applizierte -ismus-Etiketten die Tatsache, daß der Weisheitslehrer, ungeachtet sonstiger Differenzen, Dissidenzen gegenüber der jüdischen Überlieferung, hier völlig eines Sinnes ist mit dem Ersten Testament.

Denn, so der verläßliche Alttestamentler Ludwig Köhler, »der von Gott geordnete Inhalt des menschlichen Lebens ist *die Freude*. Es gibt kaum ein Wort, das so im Mittelpunkt des A[lten] T[estaments] stünde, wie das Wort Freude. Der Beweggrund zu solcher Freude ist die Fülle an allem, die Gott gibt, also Dankbarkeit. Geschichtliche Idealbilder zeigen, wie Israel dieser Weisung nachgekommen ist. Sie essen und trinken und sind fröhlich 1. Kön[ige] 4,20; das ist der dauernde Zustand Israels und Judas unter Salomo.« Insofern verwundert Kohelets Salomo-Nostalgie und anfängliche Salomo-Fiktion nicht. In der verklärenden Retrospektive erscheint die Salomo-Epoche als goldenes Zeitalter, unwiederbringlich vergangen, verweht freilich, ein Mythos, den zu destruieren Kohelet selbst das Seine beiträgt: Luft, Hauch alles! (2,3-12a) Luft, Hauch die Geschichte überhaupt, die der Völker und auch die Israels, in der Kohelet keinen Sinn oder gar Heils-Sinn mehr zu erkennen vermag. Er »sieht« kein Volk Gottes mehr, sein Blick ist auf das Verhalten und Tun von Individuen gerichtet, die seine Zeitgenossen sind. Vergangenheit? Zukunft? Nichts als Luft und Hauch! Freude ist das Beste, was das Leben zu bieten hat. Weil auch sie rasch wieder verweht, kann nur ein Narr ihren Kairos, die Gunst glücklicher Stunden, ungenutzt, ungenossen vorübergehen lassen. Mehr noch als Torheit verraten solche Versäumnisse eine Undankbarkeit, deretwegen Gott uns zur Rechenschaft ziehen könnte. Darum die Mahnung an Jünglinge: »Und wisse, daß Gott dich auch ob verschmähter Freuden zur Rechenschaft ziehen kann.« (11,9; ich wähle hier eine Übersetzung, die auf die Deutung dieser Stelle durch zwei jüdische Kommentatoren zurückgeht, die sich ihrerseits auf talmudische Auslegungen berufen).

Was also bleibt? Das Leben der Einzelnen in ihrer jeweiligen Gegenwart und Vergänglichkeit. Und, natürlich, die Probleme ihres Zusammen- und Gegeneinanderlebens. Und die Sternstunden der Freude.

Wieso heute noch Kohelet?

• Im Büchlein Kohelet sind Passagen zu finden, die einem tief »einfahren« können, weshalb ich mir erlaubte, von »Kohelet-Blues« zu sprechen. Sie eignen sich, diese Stellen, wie z. B. mittelalterliche Mönche entdeckten, vorzüglich als Meditationstexte. Heute noch können sie uns vom Wahn der eigenen Wichtigkeit oder gar Unsterblichkeit befreien.

• In einer Zeit, da – wieder einmal – eine Welle religiöser Sentimentalisierung zu beobachten ist, wird die Lektüre des Büchleins zur Ernüchterungskur. Gefühliger »Spiritualität« setzt Kohelet sein hart-schlichtes »Fürchte Gott!« entgegen. Nüchtern kommt er uns auch mit so profanen Dingen wie Essen und Trinken, Geld und Macht, Bereicherungstrieb und sozialer Unterdrückung. Keine Flucht in die Innerlichkeit! Selbst mit dem Gemeinplatz »Geld macht alles möglich« (10,19) verschont er uns nicht (er, der Begüterte, muß es ja wissen!). Realhintergrund der trivialen Feststellung sind Aufschwung und Breitenentwicklung des Geld- und Finanzwesens dank des global ausgeweiteten Handels.

• Inmitten der biblischen Autoren ist Kohelet ein Einzelgänger und Individualist. Das ist die moderne Seite an ihm. Er ist fast unseresgleichen und deshalb unmittelbar verständlich. Historisch hängt die Entwicklung des Bewußtseins menschlicher Individualität mit der Entwicklung des Geldwesens zusammen, was nicht zuletzt an der Person des Welt- und Geschäftsmannes Kohelet punktuell sichtbar wird. Nüchternheit freilich auch hier: Der Weisheitslehrer, ein Aufklärer eben, kein spekulativer Denker, hütet sich davor, dem Individuum oder der individuellen Seele einen unsterblichen Wert beizumessen. Auch die Individualität vergeht, verweht mit dem Tod: Luft, Hauch alles.

• Wo alles im Umbruch, im Wandel ist, bietet der Fundamentalismus vermeintlich unverrückbare Fundamente an in Form von Glaubenssätzen, heiligen Schriften, heiligen Traditionen. Nichts dergleichen bei Kohelet. Er beruft sich weder auf die Schriften noch auf die Traditionen Israels, er schreibt, »als wüßte er nichts von Gesetz und Propheten« (Wilhelm Vischer). Er kennt nur *eine* fundamentale Wahrheit, nämlich daß alles Luft und Hauch ist. Gerade die Erkenntnis der Volatilität aller Dinge könnte ihn geöffnet haben für Anregungen aus andern Kulturen und Religionen (Buddhismus?). Wie auch immer: Die Lektüre Kohelets immunisiert gegen jedweden Fundamentalismus.

• Kohelets Büchlein sei insbesondere melancholischen, leicht zu deprimierenden, am Sinn des Lebens und in der Welt verzweifelnden Menschen anempfohlen. Hier schreibt einer, der derartige Stimmungen und Zustände kennt, ein Seelenverwandter. Er artikuliert, was wir oft nur dumpf fühlen, kein »leidiger Tröster« (Hiob 16,2) jedenfalls. Der Trost, den er verabreicht, ist gleichsam ein homöopathischer.

• Gefährlich erst wirds und Selbstzerstörung droht, sobald Verzweiflung und Depression die Fähigkeit zur Freude vollends zu ersticken vermögen. Deshalb kommt der Weisheitslehrer stets wieder auf die Freude zu sprechen, auf ihren Kairos, d. h. auf die guten Gelegenheiten und Momente, sich zu freuen. Als töricht, als dumm gilt ihm, wer Freuden verachtet, zumal simple Freuden wie Essen und Trinken, geschweige denn erotische Freuden. Wiewohl ebenfalls vergänglich, ist Freude Gottes schönste, zugleich auch hilfreichste Gabe, gleichsam sein Psychopharmakon für uns Sterbliche. »Wenn Gott des Menschen Herz erfreut, dann sind alle Fragen beantwortet.« (Wilhelm Vischer) Und wenn nicht alle Fragen, so doch diejenigen, die uns am Leben und am Genuß angebotener Freuden hindern. Insofern verwundert es denn doch nicht, daß Kohelet zum Lesungstext des Laubhüttenfests hat werden können.

• Kohelet: Das Gegenteil eines religiösen Schönredners oder eines spekulativen Gottesgelehrten. Das Wissen, das er von Gott vermitteln kann, ist minimal: »Aber gerade das bedeutet, daß er radikal darauf verzichtet, mit Gott zu rechnen, als ließe Gott sich als Posten oder Funktion einer Rechnung, als Zentral- oder Grenzbegriff eines Systems, als Postulat der Vernunft, und was der eitlen Versuche mehr sind, brauchen.« (Wilhelm Vischer) Wann und wie immer Gott religiös, institutionell oder ideologisch instrumentalisiert, also vergötzt wird, ist es nötig, solche Vergötzungen resolut wieder wegzuräumen, »sacra ignorantia«, heilige Unwissenheit (Nikolaus von Kues) herzustellen, damit das Blickfeld wieder offen und der Blick frei ist für »Gottes Tun« (7,14). Bei solchem Freiräumen kann Kohelet, der Aufklärer, höchst hilfreich sein.

• Globalisierung damals, Globalisierung heute – zeigen sich vielleicht Parallelen, die dem Verständnis Kohelets dienlich sein könnten? Beide Male eine Epoche des Umbruchs, des Kulturwandels, der sich erweiternden Horizonte. Kleine Völker büßen ihre Selbstbestimmung ein. Ein kleines Volk waren seinerzeit auch die palästinensischen Juden. Ihre seit langem schon bedrückende Identitätskrise schien hoffnungslos geworden zu sein. Wie sollten sie sich weiterhin als geschichtlichen und religiösen Sonderfall verstehen können? Sprach ihre politische Bedeutungslosigkeit nicht allen Heilsverheißungen Hohn? Wer mochte denn noch glauben, daß Gottes Herrlichkeit dereinst über dem Zion erstrahlen werde, so daß Völker und Könige dorthin strömen (Jesaja 60–62)? Offensichtlich hatte Kohelet diesen Glauben nicht mehr. Israels Tradition – Gesetz und Propheten – schien ihre sinn- und gemeinschaftsstiftende Kraft verloren zu haben. Auf sich selber gestellt mußte ein jeder zusehen, wie er mit diesem kollektiven Sinnverlust zurechtkam. Auch damals meinten manche, in der Jagd nach Reichtum und wirtschaftlichem Erfolg einen Ersatz-Sinn finden zu können, wozu der Weisheitslehrer etliche kritische Beobachtungen und Anmerkungen beizusteuern weiß. Soziale Atomisierung und Vereinzelung sind offenbar die Kehrseite der Globalisierung. Die je Einzelnen leiden zunehmend unter dem Eindruck, gewichts- und bedeutungslose Partikelchen zu sein, »Luft, Hauch« eben. Kohelets Diskurs widerspiegelt Realitäten der seinerzeitigen Globalisierung – vielleicht auch der heutigen?

• Seit jeher, bereits von Beginn an, hat das Büchlein Anstoß erregt, hat Widerspruch provoziert. Kohelet räumt mit liebgewordenen Illusionen auf, an denen wir uns glaubten halten zu können, wenn auch oft unreflektiert, aus Gewohnheit. Er ist gleichsam ein Purifikator, der in uns strenge, zugleich jedoch auch befreiende Leere und Armut herstellt. Hat sie etwas zu tun mit »geistlicher« Armut (Matthäus 5,3)? Ich denke, ja. Wie auch immer: Wer diesem biblischen Lehrer widersprechen will, sehe sich vor! Mit undurchdachten Vorwürfen oder erbaulichen Reflexen ist ihm nicht beizukommen. Gerade deshalb bleibt er aktuell und lohnt es sich, ihm zuzuhören.

Erwähnte Literatur

Bachmann, Ingeborg: Werke. Erster Band. München 1978.

Buber, Martin: Die Schrift. Verdeutscht von Martin Buber gemeinsam mit Franz Rosenzweig. Band 4: Die Schriftwerke. Stuttgart 1992.

Cioran, E. M.: Vom Nachteil, geboren zu sein. Übersetzt von François Bondy. Wien 1977.

Crüsemann, Frank: Die unveränderbare Welt. Überlegungen zur »Krisis der Weisheit« beim Prediger (Kohelet). In: W. Schottroff/W. Stegemann (Hg.): Der Gott der kleinen Leute. Sozialgeschichtliche Auslegungen. München 1979.

Cuso de, Nicolaus/Nikolaus von Kues: De docta ignorantia/Die belehrte Unwissenheit. Liber primus/Band I. Hamburg 1979.

Ebach, Jürgen: ... und Prediger 3 auslegen hat seine Zeit. Über Zusammenhänge von Exegese und Zeit, beobachtet beim Auslegen von Koh. 3,1-15. In: Einwürfe 6: Die Bibel gehört nicht uns. Hg. von F.-W. Marquardt, D. Schellong, M. Weinrich. München 1990.

Köhler, Ludwig: Theologie des Alten Testaments. Tübingen 1947.

Lauha, Aarre: Kohelet. Biblischer Kommentar Altes Testament XIX. Neukirchen-Vluyn 1978.

Miskotte, Kornelis Heiko: Wenn die Götter schweigen. Vom Sinn des Alten Testaments. München 1963.

Miskotte, Kornelis Heiko: Gottesfurcht und Zweifel. Über Prediger 1,2. Predigten zum Weitersagen Nr. 14/15. Heidelberg 1990.

Rad, Gerhard von: Weisheit in Israel. Neukirchen-Vluyn 1970.

Rosenzweig, Franz: Der Stern der Erlösung. Haag 1976.

Vischer, Wilhelm: Der Prediger Salomo im Spiegel des Michel de Montaigne. Ein Brevier. Pfullingen 1981.

Der Prediger Salomo

Nichts Neues unter der Sonne

1,1 – 1,11

Worte des Weisheitslehrers,
des Sohnes Davids,
des Königs in Jerusalem.

*

Luft! Hauch! spricht der Weisheitslehrer,
Luft! Hauch!
Alles nur Luft, nur Hauch!
Was nützt dem Menschen all seine Mühe,
womit er sich abmüht unter der Sonne?
Ein Geschlecht geht,
ein anderes kommt –
nur die Erde dauert.
Die Sonne geht auf,
die Sonne geht unter
und kehrt wieder dorthin zurück,
wo sie aufgeht.
Der Wind fährt nach Süden,

wo er sich wieder nach Norden wendet;
immer im Kreise weht so der Wind,
und kreisend kommt er zurück.
Die Flüsse gehn alle zum Meer,
das Meer aber wird nicht voller,
und wo die Flüsse münden,
dahin gehen sie immerzu.
All unser Reden müht sich ab,
und doch kann niemand alles sagen.
Und nie wird das Auge satt vom Sehen,
das Ohr nie voll vom Hören.
Wie es war, wird es wieder sein,
was jemand tat, wird er wieder tun:
Nichts Neues unter der Sonne!
Kommt etwas, von dem man sagt:
»Siehe, wie neu!«,
so ists doch lang schon gewesen
in Zeiten, die vor uns waren.
Nicht mehr gedacht wird jener,
die früher waren,
und auch jener, die dereinst sein werden,
wird nicht mehr gedacht
bei denen, die nach ihnen kommen.

Haschen nach Wind

1,12 – 1,15

Ich, der Weisheitslehrer,
bin König gewesen über Israel in Jerusalem.
Immerzu suchte ich Weisheit
und strebte nach ihr
im Hinblick auf alles,

was unter der Sonne getan wird:
Eine leidige Mühe aber,
die Gott den Menschen da auferlegte,
mit der sie sich abplagen müssen!
Ich sah all das Tun an,
das unter der Sonne getan wird –
und siehe: Alles Luft, alles Hauch
und ein Haschen nach Wind!
Was krumm ist,
vermag niemand gerade zu machen.
Aus dem, was nicht vorhanden,
kann nie Zählbares werden.

Mehr Wissen, mehr Schmerz

1,16 – 1,18

So sprach ich in meinem Herzen;
Siehe, ich machte meine Weisheit groß,
größer als alle,
die einst vor mir über Jerusalem herrschten.
Und mein Herz gewann
viel Weisheit und Einsicht,
so daß ich auch versuchen wollte,
das Wesen von Weisheit und Einsicht,
von Narrheit und Torheit zu ergründen.
Allein, ich erkannte:
Auch dies ein Haschen nach Wind!
Denn wo viel Weisheit,
da ist viel Kummer,
und wer das Wissen mehrt,
vermehrt den Schmerz.

Was solls?

2,1 – 2,2

Ich aber, ich sprach zu meinem Herzen:
Wohlan denn, so will ichs
mit der Freude versuchen –
komm, weide dich am Glück!
Doch siehe: Luft und Hauch auch das!
Weshalb ich zum Lachen sprach: Schal!
und zur Freude: Was solls?

Vergeblich der Kampf gegen die Vergeblichkeit

2,3 – 2,12a

Hernach nahm ich mir vor,
meinen Leib mit Wein zu stimulieren
– doch so, daß mein Herz mit Weisheit
die Kontrolle behielt –
und mich an die Narrheit zu halten,
auf daß ich sähe,
was gut sei für die Menschen,
damit sie unter dem Himmel danach handeln
in ihren befristeten Lebenstagen.
Großzügig legte ich mein Tun an:
Ich baute mir Häuser,
ich pflanzte mir Weinberge,
ich machte mir Gärten und Lusthaine
und zog in ihnen allerart Bäume,
ich machte mir Wasserteiche,
um daraus einen Wald

sprossender Bäume zu tränken.
Ich erwarb mir Sklaven und Sklavinnen,
mir gehörten auch hausgeborene Sklaven.
Ich hatte mehr Herden – Rinder und Kleinvieh –
als alle meine Vorgänger in Jerusalem.
Ich sammelte mir Silber und Gold,
die Schätze von Königen
und den Reichtum ganzer Provinzen.
Ich schaffte mir Sänger und Sängerinnen an
und die Wonne der Menschensöhne:
Eine Frau und Konkubinen.
Ich wurde groß und wurde größer
als alle meine Vorgänger in Jerusalem,
dabei stand meine Weisheit mir bei.
Was immer meine Augen begehrten,
ich versagte es ihnen nicht,
hielt mein Herz von keiner Freude ab,
denn seine Freuden entschädigten mich
für meine vielen Mühen,
waren der Lohn all meiner Bemühungen.
Doch als ich die Summe zog
aus all meinem Tun, das ich getan,
und aus der Mühe, die es mich gekostet hatte,
siehe: Luft, Hauch alles
und ein Haschen nach Wind,
ohne Gewinn unter der Sonne!
Denn was wird jener tun,
der nach mir kommt?
Was man schon immer getan hat.

Verzweiflung

2,12b – 2,23

Ich aber, ich ging daran,
die Weisheit zu prüfen,
desgleichen Torheit und Narrheit.
Und ich sah, daß die Weisheit
mehr Nutzen bringt als die Narrheit,
so wie das Licht
von größerem Nutzen ist als die Finsternis:
Der Weise hat seine Augen im Kopf,
der Törichte aber geht wie ein Blinder.
Allerdings erkannte ich auch,
daß beide ein und dasselbe Geschick trifft.
Da sprach ich in meinem Herzen:
Das Geschick, das den Törichten ereilt,
wird mich ebenfalls treffen –
wozu, ach, wollte ich denn
so überaus weise werden?
Und ich sprach in meinem Herzen,
daß auch dies nur Luft, nur Hauch ist.
Denn wie dem Törichten
bleibt auch dem Weisen
kein dauerhaftes Gedenken vergönnt:
In künftigen Tagen wird alles vergessen sein.
Ach, wie stirbt der Weise
ebenso wie der Narr!
Und so wurde mir das Leben verhaßt,
denn übel erschien mir ein jedes Tun,
das unter der Sonne getan wird:
Luft und Hauch alles
und ein Haschen nach Wind!
Und ich haßte alles,
womit ich mich abmühte unter der Sonne,

da ichs doch nur einem andern hinterlasse,
der nach mir sein wird –
und wer weiß, ob er weise sein wird
oder ein Narr?
So oder so wird er verfügen können
über alles, was ich erarbeitet habe
mit Mühe und Weisheit unter der Sonne –
Luft, Hauch auch dies!
Da gab ich es auf,
da überließ ich mein Herz der Verzweiflung
über all die Mühe, mit der
ich mich geplagt hatte unter der Sonne.
Denn was ist ein Mensch,
der sich mit Weisheit und Einsicht,
mit Geschick auch abgemüht hat,
dann aber muß er alles
einem andern überlassen,
der sich nicht darum zu mühen brauchte?
Luft, Hauch all das
und ein großes Übel!
Was, ach, bleibt dem Menschen
von all seinem Mühen und Streben,
womit er sich plagte unter der Sonne?
Sind doch all seine Tage erfüllt
mit Schmerz und mit Kummer
und bringt ihm sein Tun viel Verdruß,
selbst nachts findet sein Herz nicht Ruhe.
Luft, Hauch ebenfalls!

Essen, Trinken

2,24 – 2,26

Nichts Besseres für den Menschen,
als daß er ißt und trinkt
und sichs gut ergehen läßt
inmitten seiner Mühsal.
Auch dies aber, sah ich,
kommt aus der Hand Gottes,
denn wer könnte essen und schmecken,
wenn nicht dank ihm?
Denn einem Menschen, dem er wohl will,
gibt er Weisheit, Einsicht und Freude,
dem aber, der ihm mißfällt,
die Mühsal zu sammeln und anzuhäufen,
um alles hernach einem zu übergeben,
dem er wohl will.
Luft, Hauch auch dies
und ein Haschen nach Wind!

Alles hat seine Zeit

3,1 – 3,9

Alles hat seine Zeit,
jedes Geschehen unter dem Himmel
hat seine bestimmte Zeit:
Gebären hat seine Zeit,
und Sterben hat seine Zeit.
Pflanzen hat seine Zeit,
und Ausreißen hat seine Zeit.
Töten hat seine Zeit,
und Heilen hat seine Zeit.

Abbrechen hat seine Zeit,
und Aufbauen hat seine Zeit.
Weinen hat seine Zeit,
und Lachen hat seine Zeit.
Klagen hat seine Zeit,
und Tanzen hat seine Zeit.
Steine wegwerfen hat seine Zeit,
und Steine stapeln hat seine Zeit.
Umarmen hat seine Zeit,
und Sichmeiden hat seine Zeit.
Suchen hat seine Zeit,
und Verlorengehen hat seine Zeit.
Bewahren hat seine Zeit,
und Wegwerfen hat seine Zeit.
Zerreißen hat seine Zeit
und Zusammennähen hat seine Zeit.
Schweigen hat seine Zeit,
und Reden hat seine Zeit.
Lieben hat seine Zeit,
und Hassen hat seine Zeit.
Krieg hat seine Zeit,
und Frieden hat seine Zeit.
Was also hat, wer etwas tut,
für einen dauerhaften Gewinn von dem,
worum er sich müht?

Was Bestand hat

3,10 – 3,15

Ich sah die Aufgabe,
die Gott den Menschen auferlegte,
damit sie sich abmühen mit ihr.
Alles hat er schön gemacht

zu seiner Zeit,
hat auch Dauer zuinnerst in alles gelegt,
ohne daß der Mensch herausfinden kann,
was Gott von Anbeginn an
und bis zum Ende tut.
Da erkannte ich, daß es unter Menschen
nichts Besseres gibt,
als sich zu erfreuen
und sichs im Leben gut ergehen zu lassen:
Daß jemand bei all seiner Mühe
ißt und trinkt und Schönes schaut
– eine Gabe Gottes ists!
Auch erkannte ich, daß alles, was Gott tut,
Dauer und Bestand hat:
Man kann nichts hinzutun,
man kann nichts hinwegtun,
Gott hats getan,
auf daß man ihn fürchte.
Was da ist, ist seit urher gewesen,
und was sein wird, war immer schon da.
Und das Verdrängte?
Gott bringt es wieder.

Der Mensch hat dem Tier nichts voraus

3,16 – 3,22

Noch anderes sah ich unter der Sonne:
An der Stätte der Rechtssprechung
– da war Frevel,
und an der Stätte der Gerechtigkeit
– Frevel auch da.
Ich aber sprach in meinem Herzen:

Den Bewährten, den Frevler
– Gott wird sie richten.
Denn jedes Geschehen und jedes Tun
hat seine bestimmte Zeit.
Und weiter sprach ich in meinem Herzen:
Für die Menschen gilt, daß Gott sie
zur Erkenntnis bestimmt hat,
nicht mehr zu sein als das Tier,
denn das Geschick der Menschen
ist gleich dem Geschick der Tiere,
das Sterben dieser
ist wie das Sterben jener,
und derselbe Atem ist in allen.
Der Mensch hat keinen Vorrang vor dem Tier,
denn alles ist nur Hauch,
und alles geht an ein und denselben Ort:
Aus Staub ist alles geworden,
zum Staub kehrt alles wieder zurück.
Denn wer kann vom Atem des Menschen behaupten,
daß er emporsteigt,
vom Atem der Tiere aber,
daß er zur Erde niedersinkt?
Und so sah ich, daß nichts besser ist,
als daß der Mensch
sich seines Tuns erfreue,
denn das ist sein Teil.
Oder wer denn befähigt ihn
zu sehen, was nach ihm sein wird?

Die Tränen der Unterdrückten

4,1 – 4,3

Und wiederum sah ich
all die Unterdrückungen,
die unter der Sonne verübt werden:
Siehe, die Tränen der Unterdrückten!
Und niemand tröstet sie.
Von der Hand ihrer Unterdrücker
erleiden sie Gewalt.
Und niemand tröstet sie.
Da lobte ich mir die Toten,
die lange schon verstorben,
vor den Lebenden,
die noch da sind.
Mehr als beide aber
sind jene zu preisen,
die nie geboren wurden,
die das üble Tun nicht sehen müssen,
das unter der Sonne getan wird.

Wozu?

4,4 – 4,8

Ich sah, daß alles Mühen
und alles Gelingen
nichts weiter ist als des einen Eifer,
den anderen zu übertrumpfen.
Luft, Hauch auch das
und ein Haschen nach Wind!
»Der Narr (heißt es) legt beide Hände ineinander

und frißt sein eigenes Fleisch.«
Dennoch ist eine Hand voller Ruhe besser
als beide Hände voller Mühen
und das Haschen nach Wind.
Und wieder sah ich, sah,
was Luft und Hauch ist unter dem Himmel:
Da ist einer, der hat keinen andern,
weder einen Sohn noch einen Bruder:
Dennoch enden seine Mühen nie
und kann sein Auge nicht genug Reichtum sehen.
Doch für wen mühe ich mich denn
und versage mir viel Gutes?
Luft, Hauch auch das
und ein übles Treiben!

Besser zu zweit als allein

4,9 – 4,12

Zwei sind besser dran als einer allein,
da sies durch Zusammenarbeit
zu guten Einkünften bringen können.
Und wenn sie fallen,
hilft einer dem anderen auf.
Wehe jedoch dem Einzelnen!
Fällt er, so ist niemand da,
der ihm wieder aufhilft.
Und liegen (in kalten Nächten)
zwei beisammen, wird ihnen warm.
Wie aber kann erwarmen, wer allein liegt?
Und wenn jemand den einen angreift,
ist der andere da und steht ihm bei.
Dreifache Schnur reißt noch weniger schnell.

Launische Volksgunst

4,13 – 4,16

Besser ein Jüngling, der arm und weise,
als ein König, der alt und töricht ist
und dem die Einsicht abhanden kam,
sich warnen zu lassen.
Ja, aus einem Gefängnis kam jener,
um König zu werden
trotz seiner Geburt in Armut
unter der Regierung des (alten) Monarchen.
Ich sah, wie alle Lebenden,
die unter der Sonne gehen,
sich auf die Seite des Jünglings schlugen,
der den Platz jenes Königs einnahm.
Nicht abzusehen ist die Volksmenge
bei jedem, der die Herrschaft übernimmt;
Spätere aber haben keine Freude mehr an ihm.
Luft, Hauch auch das
und ein Haschen nach Wind.

Der Weise nimmt sich in acht

4,17 – 5,6

Achte auf deinen Fuß,
so oft du zum Hause Gottes gehst!
Herbeitreten, um zu hören, ist besser,
als Schlachtopfer darzubringen wie Törichte,
deren Unwissen sie üblem Tun geneigt macht.
Sei nicht vorlaut mit deinem Mund,
und dein Herz übereile sich nicht,
vor Gott zu reden.
Denn Gott ist im Himmel

und du bist auf Erden,
darum mache nicht viele Worte.
Denn mit vieler Geschäftigkeit kommt der Wahn
und mit vielen Worten das törichte Gerede.
Falls du ein Gelübde tust vor Gott,
säume nicht, es zu erfüllen,
denn an Törichten hat er kein Gefallen –
was du gelobt hast, halte!
Besser, du gelobst überhaupt nicht,
als daß du gelobst und nicht hältst.
Gib deinem Mund keine Gelegenheit,
dich in Sünde zu verstricken,
und rede dich dem Ermahner gegenüber
nicht damit heraus,
es sei aus Versehen geschehen.
Weshalb sollte Gott deinem Geständnis grollen
und das Tun deiner Hände mißraten lassen?
Und so denn: Laß Wahn und Gerede
und was doch nur Luft und Hauch ist
– fürchte Gott!

Soziale Mißstände

5,7– 5,8

Siehst du im Land Unterdrückung von Armen
und Vorenthaltungen von Recht und Gerechtigkeit,
so wundere dich nicht,
denn ein Hochgestellter ist hier
der Komplize des andern Hochgestellten
und ein noch Höhergestellter
der Komplize beider.
In allem von Vorteil ist für alle:
Ein König, der das besiedelte Land regiert.

Bereicherungswahn

5,9 – 5,16

Wer Geld liebt, hat nie genug Geld,
und wer den Reichtum liebt, nie genug Ertrag –
Luft, Hauch auch das!
Mehrt sich das Gut,
mehren sich auch seine Verzehrer:
Was bleibt dann dem erfolgreichen Besitzer,
außer daß seine Augen das Nachsehen haben?
Süß ist für den Arbeiter der Schlaf,
ob er wenig, ob er viel gegessen hat.
Dem Reichen aber läßt
auch seine Sattheit keine Muße zum Schlaf.
Ein Übel und leidbringend ist,
was ich unter der Sonne sah:
Reichtum, wohl gehütet,
stürzt seinen Besitzer ins Unglück,
denn durch eine üble Wendung der Geschäfte
geht sein Reichtum verloren.
Und hat er einen Sohn gezeugt,
bleibt diesem nichts in der Hand.
Wie er einst aus dem Leib seiner Mutter kam,
wird er auch wieder gehen,
so nackt, wie er gekommen,
und wird für all seine Mühe
nichts mitnehmen können,
nicht einmal etwas in seiner Hand.
Ein Übel eben, das Leid bringt:
Wie er gekommen, so geht er wieder.
Welchen Gewinn also hat er davon,
daß er sich abmüht – für den Wind?
Auch ißt er sein Brot jeden Tag im Dunkeln,
hat lauter Verdruß und Leiden und Gram.

Aber auch: Reichtum eine Gabe Gottes

5,17 – 5,19

Was ich jedoch als gut befand:
Daß es schön ist, zu essen, zu trinken
und sichs gut ergehen zu lassen
bei aller Mühe, womit einer
sich abmüht unter der Sonne
in seinen befristeten Lebenstagen,
die Gott ihm gegeben,
denn das ist sein Teil.
Einem jeden, dem Gott
Reichtum und Rüstzeug gab
und dem er erlaubte,
davon gut zu leben
und seinen Anteil zu nutzen
und sich bei seiner Mühe zu freuen
– eine Gabe Gottes ists!
Deshalb grübelt er nicht mehr viel
über die Befristung seiner Lebenstage,
denn Gott ists, der ihm
die Freude seines Herzens gewährt.

Verarmungsangst des Reichen

6,1 – 6,6

Ein Übel hingegen,
das ich sah unter der Sonne
und das den Menschen bedrückt,
ist dies: Ein Mann, dem Gott Reichtum
und Rüstzeug und Ansehen gibt,

so daß seinem Leben nichts fehlt
von allem, wonach er begehrt –
doch läßt Gott ihn all das nicht genießen,
genießen darf vielmehr ein Fremder.
Luft, Hauch auch das
und ein übles Leiden!
Würde ein Mann selbst hundert Söhne zeugen
und viele Jahre leben
– wieviele Lebensjahre auch immer –,
doch seine Seele dürfte sich nicht
an seinen Gütern sättigen
und ihm wäre nicht einmal ein Begräbnis vergönnt –
ich spräche: Besser als ihm
ergehts der Totgeburt,
denn sie kam als Hauch,
und sie geht ins Dunkel,
und auch ihr Name bleibt im Dunkel;
nie hat sie die Sonne erblickt,
und sie weiß von nichts.
Ruhe ist eher bei ihr als bei jenem,
ob er auch zweitausend Jahre lebte,
käme aber nicht zum Genuß des Guten.
Geht schließlich nicht alles
an ein und denselben Ort?

Was hat der Weise dem Törichten voraus?

6,7– 6,8

Alles Mühen des Menschen
geschieht für seinen Mund,
und doch ist der Lebenshunger nie gestillt.
Was also hat der Weise dem Törichten voraus

und was der Bescheidene,
dessen Lebenswandel korrekt ist?
Besser ist, was die Augen sehen,
als das, was die Wünsche wollen –
Luft, Hauch auch das
und ein Haschen nach Wind!

Gott ist stärker

6,9– 7,1

Was je wurde, war vorlängst benannt,
und schon zuvor ist bestimmt,
was der Mensch sein wird.
Nicht kann er rechten mit dem,
der stärker ist als er.
Denn je mehr Gerede, desto mehr Luft und Hauch –
welchen Gewinn hat der Mensch davon?
Und wer denn weiß,
was gut ist für den Menschen
in den befristeten Tagen seiner Hauch-Existenz?
Schattengleich vergehen sie ihm.
Und wer vermag dem Menschen kundzutun,
was nach ihm sein wird unter der Sonne?

Das Herz des Weisen ist im Haus der Trauer

7,2 – 7,5

Besser ein guter Ruf als gutes Salböl,
und besser der Tag des Todes
als der Tag der Geburt.
Besser, ins Haus der Trauer zu gehen,
als ins Haus des heiteren Gastmahls,
denn dort hat man das Ende jedes Menschen
vor Augen.
Wer lebt, präge es seinem Herzen ein!
Besser Bekümmerung als Gelächter,
denn hinter der bekümmerten Miene
ist ein denkendes Herz.
Das Herz des Weisen ist im Haus der Trauer,
das Herz des Törichten aber im Haus der Freude.

Der Weise läßt sich nicht betören

7,6 – 7,11

Besser ists, auf die Zurechtweisung
des Weisen zu hören,
als auf die Lobtiraden von Ignoranten.
Denn wie Dornengeknister unter dem Kochkessel
ist das Gelächter des Törichten.
Luft, Hauch auch das!
Denn unter Drohungen
handelt auch der Weise töricht,
und Schmiergeld verdirbt das Denken.
Besser der Ausgang einer Sache
als deren Anfang,

besser langmütig als hochmütig.
Sei nicht vorschnell verdrießlich
in deinem Geist,
Verdrießlichkeit sitzt in der Brust des Törichten.
Frage nicht: Wie kommts, daß die früheren Tage
besser waren als die jetzigen?
Denn nicht aus Weisheit fragst du so.

Besitz ist gut, Besitz und Weisheit besser

7,12 – 7,13

Gut ist Weisheit bei Eigentum
und von Vorteil für die, welche die Sonne sehen.
Denn im Schattenschutz der Weisheit
lebt es sich
wie im Schattenschutz des Geldes.
Die Erkenntnis aber hat den Vorzug,
daß sie den Weisen lebendig erhält.

Hier, jetzt

7,14 – 7,15

Sieh an Gottes Tun!
Wer kann gerade machen,
was er gekrümmt hat?
Am guten Tag sei guter Dinge,
und am bösen Tag bedenke:
Auch ihn hat Gott gemacht wie jenen.
Und der Mensch wird danach
nichts dergleichen mehr haben.

Pragmatik

7,16 – 7,23

Beides sah ich in meinen Hauch-Tagen:
Da ein Bewährter,
der trotz seiner Bewährung zugrunde geht,
und da ein Frevler,
der bei all seinem Übeltun lange lebt.
Sei also kein allzu Bewährter
und trete nicht allzu weise auf!
Warum willst du dich zugrunde richten?
Verfehle dich nicht allzu sehr,
sei jedoch auch kein Naivling!
Warum willst du vorzeitig sterben?
Gut ist, wenn du dich an das eine hältst
und das andere nicht aus der Hand gibst.
Ja, wer Gott fürchtet,
entgeht den Extremen.
Die Weisheit macht den Weisen stärker
als zehn Mächtige, die in der Stadt sind.
Im übrigen gibt es auf Erden
keinen Bewährten, der nur Gutes tut
und sich niemals verfehlt.
Darum schenke denn auch
dem Geschwätz keine Beachtung,
damit du nicht etwa hören mußt,
daß dein Sklave abschätzig von dir spricht,
denn es kennt dein Herz die vielen Male,
da auch du abschätzig
von anderen geredet hast.

Unergründbar alles

7,24 – 7,25

All dies versuchte ich
mit der Weisheit als Ziel
– denn ich hatte mir vorgenommen:
Weise will ich werden! –,
doch sie blieb mir fern.
Fern bleibt, was da ist,
und tief, tief –
wer kanns ergründen?

Warnung vor weiblicher Umgarnung

7,26 – 7,30

Ich habe mich umgetan mit meinem Denken,
um erkennend und erkundend
nach Weisheit und einem Ergebnis zu suchen,
um Frevel als Torheit
und Torheit als Wahn einsichtig zu machen.
Und da fand ich heraus:
Bitterer als der Tod ist die Frau,
denn sie ist ein Fangnetz, das umgarnt,
und ihr Herz ein Schleppnetz,
und ihre Hände sind Fesseln.
Wer vor Gott bewährt ist, entrinnt ihr,
der Sünder jedoch wird von ihr gefangen.
Siehe, dies fand ich nach und nach heraus
– spricht der Weisheitslehrer –
und kam zu diesem Ergebnis.
Was meine Seele immerzu suchte,
ich habe es nicht gefunden:

Wohl fand ich unter tausend einen Mann,
eine Frau fand ich nicht unter ihnen allen.
Und dennoch, siehe, kam ich zum Schluß,
daß Gott die Menschen richtig gemacht hat,
sie aber suchen viele Künste.

Physiognomie des Weisen

8,1

Wer ist dem Weisen gleich
und wer versteht die Dinge zu deuten?
Die Weisheit eines Menschen
erleuchtet sein Antlitz,
und dessen harte Miene hellt sich auf.

Weise ists, nicht gegen den König zu konspirieren

8,2 – 8,9

Ich rate:
Beachte die Anordnungen des Königs!
Und gehts um einen Gottesschwur,
übereile dich nicht!
Geh vom Antlitz des Königs hinweg,
doch laß dich auf keine üble Sache ein,
denn alles, was er will, kann er auch tun,
da das Königswort Macht hat.
Wer darf zu ihm sagen: Was tust du da?
Wer das Gebot beachtet,

erfährt nichts Schlimmes.
Das Herz des Weisen aber erkennt,
daß es Zeit und Gericht
(auch für den König) gibt,
denn ein jedes Tun
hat (seine) Zeit und (sein) Gericht.
Was der Mensch Übles tut,
lastet schwer auf ihm.
Und keiner weiß, was kommen
und wie es dann werden wird
– wer vermöchte es ihm zu sagen?
Kein Mensch hat Macht über den Wind
– etwa, um ihn aufzuhalten –
und keiner über den Tag des Todes
oder über seine Entlassung aus dem Krieg.
Und Frevel läßt den Frevler nicht entkommen.
Dies alles sah ich
und wandte mein Herz allem Tun zu,
das unter der Sonne getan wird
in dieser Zeit,
da der Mensch über den Menschen herrscht,
ihm zum Schaden.

Das Schicksal kümmert sich nicht um Moral

8,10 – 8,14

Sodann sah ich Frevler sich nahen
und die heilige Stätte betreten.
Sie kamen zurück
und rühmten sich in der Stadt,
rechtschaffen gehandelt zu haben
– Luft, Hauch auch dies!

Da die Strafe für übles Tun
nicht umgehend in Kraft tritt,
schwillt im Menschenherzen der Mut,
Übles zu tun,
weil der Frevler hundertmal Übles tun kann
und dennoch lange lebt.
Zwar kenne auch ich die Lehre,
daß es Gottesfürchtigen gut ergehe,
da sie ihn fürchten,
und daß den Frevler nichts Gutes erwarte
und er, schattengleich,
seine Lebenstage auch nicht vermehren könne,
da er ohne Gottesfurcht ist –
Luft, Hauch aber,
was auf Erden abläuft!
Denn da sind Bewährte, die trifft,
was dem Tun der Frevler gebührte,
und da sind Frevler, denen fällt zu,
was dem Tun der Bewährten zukäme.
Da sprach ich: Luft, Hauch ebenfalls!

Carpe diem!

8,15

Und so pries ich die Freude,
weil für den Menschen nichts besser ist
unter der Sonne,
als zu essen und zu trinken
und sich zu erfreuen.
Das entgilt ihm sein Mühen
in den befristeten Tagen seines Lebens,
die Gott ihm gegeben hat
unter der Sonne.

Wo die Weisheit kapitulieren muß

8,16 – 8,17

Wie ich mein Denken darauf richtete,
Weisheit zu erlangen
und das Treiben zu beobachten,
das auf Erden im Gang ist,
da sah ich beim ganzen Tun Gottes,
daß der Mensch nicht imstande ist
zu erfassen, was abläuft unter der Sonne.
Wie der Mensch sich auch immer abmüht,
so daß Tag und Nacht
kaum Schlaf in seine Augen kommt,
nie erfaßt ers.
Und selbst wenn der Weise wähnt,
verstanden zu haben,
erfaßt ers doch nicht.

Ein lebender Hund ist besser als ein toter Löwe

9,1 – 9,10

Ja, all dies beherzigte ich
und versuchte zu klären,
wie die Bewährten und die Weisen
bei all ihrem Tun
in den Händen Gottes sind.
Denn ob Liebe, ob Haß,
nichts begreift der Mensch,
und was er allenfalls erkennt –
Luft ists und Hauch!

Alle ereilt das gleiche Geschick,
den Bewährten wie den Frevler,
den Guten wie den Bösen,
den Reinen wie den Unreinen,
den, der Schlachtopfer darbringt,
wie den, der keine Schlachtopfer darbringt.
Gleich ergehts dem Guten wie dem Frevler,
dem, der schwört, wie dem, der das Schwören scheut.
Dies ist eben auch das Üble in allem,
was getan wird unter der Sonne,
daß jeden das gleiche Geschick ereilt.
Auch ist das Herz der Menschen voller Übel,
Tollheit haust lebenslang in ihm.
Und danach? Ab zu den Toten!
Wer aber zum Kreis der Lebenden gehört,
für den gibts noch Zuversicht,
denn ein lebender Hund ist besser
als ein toter Löwe.
Die Lebenden wissen immerhin etwas,
nämlich, daß sie sterben werden.
Die Toten aber wissen überhaupt nichts,
sie empfangen auch keinen Lohn,
denn ihr Andenken verfällt dem Vergessen
mitsamt ihrer Liebe, ihrem Haß
und ihrem Eifer –
alsbald ist alles verweht,
und sie haben für immer keinen Anteil mehr
an der Welt und an allem,
was getan wird unter der Sonne.
So geh denn hin,
iß mit Freuden dein Brot,
trink frohgemut deinen Wein,
denn längst hat Gott dein Tun begnadet.
Allezeit seien deine Gewänder festlich weiß,
und deinem Haupt mangle es nicht an Salböl!

Genieß das Leben mit der Frau, die du liebst,
in all deinen Hauch-Tagen,
die Gott dir gibt unter der Sonne,
denn dies ist dein Anteil am Leben
nebst der Mühe, mit der du dich
abmühen mußt unter der Sonne.
Was immer deine Hand zu tun bekommt,
tu es nach deinen besten Kräften!
Denn es ist kein Tun, kein Planen,
kein Wissen und keine Weisheit mehr
im Totenreich, wohin du gehst.

Die letzte Falle

9,11 – 9,12

Wiederum sah ich unter der Sonne:
Nicht der Favorit gewinnt den Wettlauf,
nicht der Held den Krieg,
nicht der Weise das Brot,
nicht der Verständige den Reichtum,
nicht der Einsichtige die Volksgunst –
ihnen allen widerfährt es vielmehr
je nach Zeitpunkt oder durch Zufall.
So kennt auch der Mensch
seine (Lebens-)Zeit nicht:
Gleich wie Fische,
die sich im Netz verfangen,
gleich wie Vögel,
die in der Schlinge enden,
so auch enden die Menschen in der Falle
am bösen Tag,
wenn es plötzlich über sie hereinbricht.

Weisheit ist besser als Waffen

9,13 – 9,18a

Punkto Weisheit sah ich
unter der Sonne auch dies,
und es schien mir wichtig zu sein:
Eine kleine Stadt, wenig Leute darin –
da zog ein großer König heran,
umzingelte sie und baute
große Belagerungsmaschinen wider sie auf.
Nun befand sich in ihr
ein armer, aber weiser Mann,
der mit seiner Weisheit
die Stadt hätte retten können –
doch es dachte niemand an diesen Mann.
Ich aber sagte mir:
Besser ist Weisheit als Waffenmacht.
Allein, die Weisheit des Armen wird verachtet,
und seine Worte finden kein Gehör.
Dabei nützten ruhig argumentierende Worte
von Weisen
mehr als das Gebrüll eines Anführers von
Dummköpfen.
Besser ist Weisheit als Kampfgerät.

Ein einziger Narr kann alles ranzig machen

9,18b – 10,3

Ein einziger, der töricht handelt,
verdirbt viel Gutes,
gleichwie eine verendende Fliege

das Öl des Salbenmischers
stinkend macht, ranzig macht.
Teurer als Weisheit, als Ehrwürdigkeit
kommt oft eine einzige Dummheit zu stehen.
Der Verstand des Weisen ist zu seiner Rechten,
der Verstand des Törichten aber zu seiner Linken.
Sogar unterwegs,
wenn der Narr spazierengeht,
mangelt es ihm an Verstand,
und er sagt von jedem andern:
»Was für ein Narr!«

Macht schützt vor Torheit nicht

10,4 – 10,7

Braust der Machthaber gegen dich auf,
vergiß deine untergeordnete Stellung nicht!
Gelassenheit hilft große Fehler vermeiden.
Ein Übel, das ich sah unter der Sonne,
sind Fehlbesetzungen,
die ein Machthaber vornimmt:
Die Narrheit wird hoch hinauf befördert,
edle Reiche bleiben tief unten sitzen.
So sah ich Sklaven hoch zu Roß
und Fürsten, die wie Sklaven zu Fuß gehen.

Mit Umsicht ans Werk gehen

10,8 – 10,11

Wer ein Loch aushebt,
fällt leicht hinein,
und wer eine Mauer niederreißt,
wird leicht von einer
(dort versteckten) Schlange gebissen.
Wer Steine ausbricht,
kann sich an ihnen verletzen,
und wer Holz spaltet,
gefährdet auch sich selber.
Wessen Eisenaxt stumpf geworden ist,
weil er die Schneide nicht geschliffen hat,
muß seinen Kraftaufwand verdoppeln –
nützlich wärs und weise,
die Schneide vorher zu schärfen.
Beißt eine Schlange zu,
bevor sie beschworen wurde,
kommt der Beschwörer zu keinem Gewinn.

Törichte Schwätzer

10,12 – 10,15

Worte aus dem Mund des Weisen
tragen ihm Anerkennung ein,
den Törichten verschlingen
die eigenen Lippen:
Tut er seinen Mund auf,
so wird es Faselei,
tut er seinen Mund zu,

so wars heillose Dummheit.
Was der Narr auch daherschwätzt,
es weiß kein Mensch,
was sein wird und was nach ihm geschieht
– wer kanns ihm kundtun?
Das Treiben des Törichten –
wann, ach, wirds ihn ermüden?
Ihn, der nicht einmal
den Weg in die (nächste) Stadt kennt.

Zweierlei Regentschaft

10,16 – 10,17

Weh dir, Land,
dessen König (wie) ein Knabe ist
und dessen Fürsten schon am Morgen tafeln!
Wohl dir, Land,
dessen König ein Edler ist
und dessen Fürsten zur Normalzeit tafeln,
zur Stärkung und nicht zum Besäufnis!

Das Haus des Faulenzers zerfällt

10,18

Bei großer Faulheit
senkt sich das Gebälk,
bei müßigen Händen
tropft es durchs Hausdach.

Geld macht alles möglich

10,19

Festmähler finden zum Vergnügen statt,
und Wein beschwingt das Leben.
Geld macht alles möglich.

Hüte deine Zunge

10,20

Auch unter Vertrauten
verwünsche den König nicht,
und selbst in deiner Schlafkammer
verwünsche den Reichen nicht,
denn ein Vogel des Himmels
trägt deine Äußerung fort,
und was Flügel hat, verbreitet,
was du gesagt hast.

Leben ins Ungewisse

11,1 – 11,6

Schicke dein Brot übers Wasser –
und dennoch wirst dus
nach vielen Tagen wiederum finden.
Laß sieben andere oder gar acht
Anteil haben, denn du weißt nicht,
was auf Erden noch Übles geschehen kann.

Sind die Wolken mit Regen gefüllt,
entleeren sie sich auf die Erde.
Fällt ein Baum nach Süden oder nach Norden,
so bleibt er da liegen, wo er hinfiel.
Wer auf Windstille wartet,
kommt nicht zum Säen,
wer auf Regengewölk achtet,
kommt nicht zum Ernten.
Gleichwie du nicht weißt,
welche Wege der Wind geht
und wie die Gebeine
im Mutterleibe sich bilden,
ebensowenig kennst du Gottes Tun,
mit dem er alles tut.
Frühmorgens säe deine Saat und laß
deine Hand bis zum Abend nicht ruhen –
und doch weißt du nie, was geraten wird,
ob dieses, ob jenes oder
beides gleich gut gerät.

Gut tuts, die Sonne zu sehen

11,7– 11,8

Wahrlich: Süß ist das Licht,
und gut tuts den Augen,
die Sonne zu sehen.
Und lebt ein Mensch viele Jahre,
so erfreue er sich an ihnen allen,
eingedenk der Tage des Dunkels,
denn ihrer werden viele sein –
Luft, Hauch ist alles, was kommt!

Schön ist die Jugend und rasch vorbei

11,9 – 12,2

Freue dich, Jüngling, deiner Jugend!
Dein Herz vergnüge sich
in all deinen jungen Tagen!
Wandle auf den Pfaden deiner Herzenslust,
wohin immer deine Augen dich locken!
Und wisse, daß Gott dich auch
ob verschmähter Freuden
zur Rechenschaft ziehen kann.
Vertreib also die Verdrießlichkeit
aus deinem Herzen
und halte dir Übel vom Leibe,
denn wie Hauch vergeht die Blüte der Jugend.
Gedenke deines Schöpfers
in den Tagen der Jugend,
ehe die Tage des Übels
und die Jahre kommen,
von denen du sagen wirst:
»Sie gefallen mir nicht«,
und ehe sich Sonne und Licht,
Mond und Sterne verfinstern
und (Winter-)Wolken nach jedem Regen
erneut wieder aufziehen.

Alter, Tod

12,3 – 12,8

In jenen Tagen dann
zittern die Hüter des Hauses (= die Hände)
und die starken Männer (= die Beine),

sie krümmen sich,
und die mahlenden Mägde (= die Zähne)
hören zu arbeiten auf,
denn zu wenige sinds,
und es verfinstern sich jene,
die aus den Fenstern blicken (= die Augen),
und die doppelten Basartore (= die Ohren)
schließen sich,
und der Laut der Mühle (= die Stimme)
wird wie ein heiserer Vogellaut,
und jeder Mädchengesang (= die Liebe)
entfernt sich,
auch vor Steigungen fürchtet man sich
und vor den Gefahren unterwegs.
Und der Mandelbaum blüht
(= die Haare werden weiß),
und schwer trägt die Heuschrecke
an ihrer Last,
und die Kaperfrucht birst,
und der Mensch geht zur letzten Unterkunft,
und Klagende ziehn durch die Gasse,
ehe auch ihr silbernes Zisternenseil reißt
und die goldene Schale zersplittert
und überm Quell der Eimer zerschellt
und das Schöpfrad zerbrochen
hinabstürzt in die Zisterne
und der Staub zurückkehrt zur Erde,
wo er gewesen,
und der Atem zurückkehrt zu Gott,
der ihn gab.
Luft, Hauch, spricht der Weisheitslehrer,
Luft, Hauch!
Alles nur Luft, nur Hauch!

*

Nachruf (eines Schülers des Weisheitslehrers?)

12,9 – 12,11

Nebstdem, daß der Lehrer ein Weiser war,
lehrte er auch das Volk Erkenntnis.
Er erwog und er forschte
und formte viele Sprüche.
Der Weisheitslehrer war bestrebt,
eingängige Worte zu finden
und diese Wahrheits-Worte
sinngerecht niederzuschreiben.
Die Worte der Weisen
sind Treibstacheln gleich
und wie eingerammte Pflöcke
die gesammelten Meister-Sprüche.
Sie sind uns von *einem* Hirten gegeben.

Warnung (eines Vertreters der rechtgläubigen Lehrtradition?)

12,12 – 12,14

Nach allem aber:
Laß dich warnen, mein Sohn!
Des vielen Büchermachens ist kein Ende,
und viel studieren ermüdet den Leib.
So höre zum Schluß,
worauf es ankommt:
Fürchte Gott und halte seine Gebote!

Dies gilt für alle Menschen,
denn Gott bringt jedes Tun ins Gericht,
das über alles Verborgene ergeht,
sei es gut oder übel gewesen.

Lieferbare Radius-Bücher. Eine Auswahl

Heinrich Albertz: Blumen für Stukenbrock. Biographisches
Ursula Baltz-Otto: Wovon wir leben. Worte in den Tag
Hans Jörn Braun (Hg.): Der Andere Gottesdienst
Christlicher Glaube neu gedacht
Gerhard Begrich: Genesis. Neu übersetzt und erläutert
Gerhard Begrich: Das Hohelied Salomos
Eine Dichtung von Sulamith. Neu übersetzt und erläutert
Gerhard Begrich: Engel und Engelgeschichten in der Bibel
Gerhard Begrich: Namen und Namengeschichten in der Bibel
Peter Bichsel: Möchten Sie Mozart gewesen sein? Meditation zu Mozarts Credo-Messe und eine Rede für Fernsehprediger
Christoph Dinkel (Hg.): Im Namen Gottes. Kanzelreden zu den sechs Perikopenreihen. 6 Bände *(auch einzeln erhältlich)*
Wolfgang Erk (Hg.): Neues Jahr – neues Glück!
Literarische Texte zum Geburtstag und zur Jahreswende
Wolfgang Erk (Hg.): Viele gute Wünsche
Literarische Annäherungen
Traugott Giesen: Rufbereitschaft
Traugott Giesen: Tage Jahre Leben. Neue Kolumnen
Albrecht Haizmann: Glaube Hochzeit Liebe
Predigten zur Trauung
Peter Härtling: 80 – Versuch einer Summe
Klaus-Peter Hertzsch: Chancen des Alters. Sieben Thesen
Klaus-Peter Hertzsch: Der ganze Fisch war voll Gesang
Klaus-Peter Hertzsch: Hoffnungsbilder. Predigtmeditationen
Dietrich Heyde: Wisse, nicht du trägst die Wurzel, sondern die Wurzel trägt dich. Essays zum interreligiösen Gespräch
Reinhard Höppner: Chancen der doppelten Erfahrung
Texte der letzten Jahre. Mit der Predigt von Nikolaus Schneider zur Trauerfeier und der Gedenkrede von Wolfgang Thierse
Walter Jens: Das A und das O. Die Offenbarung
Walter Jens: Der Römerbrief
Walter Jens: Die vier Evangelien
Ole Jensen: Knud Ejler Løgstrup. Philosoph und Theologe
Klaus-Peter Jörns: Glaubwürdig von Gott reden
Gründe für eine theologische Kritik der Bibel
Eberhard Jüngel: Anfänger
Herkunft und Zukunft christlicher Existenz

Eberhard Jüngel: Außer sich. Theologische Texte
Eberhard Jüngel: Predigten 1 bis 7 *(auch einzeln erhältlich)*
Otto Kaiser: Das Buch Hiob. Übersetzt und eingeleitet
Otto Kaiser: Kohelet. Das Buch des Predigers Salomo
Otto Kaiser: Weisheit für das Leben. Das Buch Jesus Sirach
Otto Kaiser: Die Weisheit Salomos
Wolf Krötke: Aufatmen
Ost-westliche Einübungen in die christliche Freiheit
Gerd Lüdemann/Martina Janßen: Bibel der Häretiker
Nag Hammadi
Henning Luther: Religion und Alltag
Bausteine zu einer Praktischen Theologie des Subjekts
Rüdiger Lux: Grenzgänge des Glaubens
Kurt Marti: *siehe Seite 4*
Gerhard Marcel Martin: Das Thomas-Evangelium
Pierangelo Maset: Geistessterben. Eine Diagnose
Elisabeth Moltmann-Wendel: Der auf der Erde tanzt
Spuren der Jesusgeschichte
Karl-Heinz Ronecker: Liedpredigten. Von Advent bis in die
österliche Zeit. Mit einem Vorwort von Wolfgang Huber
Karl-Heinz Ronecker: Liedpredigten II. Vom Jahreswechsel bis
Weihnachten. Vorwort von Heinrich Bedford-Strohm
Martin Scharpe (Hg.): Erdichtet und erzählt I und II
Das Alte/Das Neue Testament in der Literatur
Gunda Schneider-Flume: Realismus der Barmherzigkeit
Friedrich Schorlemmer (Hg.): Das soll Dir bleiben
Texte für morgens und abends
Christoph Schroeder: Leben in Fülle
Eine Theologie des Johannesevangeliums
Fulbert Steffensky: Gewagter Glaube
Fulbert Steffensky: Heimathöhle Religion
Ein Gastrecht für widersprüchliche Gedanken
Fulbert Steffensky: Mut zur Endlichkeit
Sterben in einer Gesellschaft der Sieger
Fulbert Steffensky: Schwarzbrot-Spiritualität
Fulbert Steffensky: Die Zehn Gebote
Jörg Uhle-Wettler: Spiel mir das Lied vom Leben

Radius-Verlag · Alexanderstraße 162 · 70180 Stuttgart
Fon 0711.607 66 66 Fax 0711.607 55 55
www.Radius-Verlag.de e-Mail: info@radius-verlag.de